Sigrid Lichtenberger • Ohne Gestern kein Heute

Sigrid Lichtenberger

Ohne Gestern kein Heute

Erinnerungsstücke

PENDRAGON

Inhalt

Vorwort ... 7

Leipzig
Die Wand ... 13
Ödland ... 14
Tanzstunde ... 15
Materie ... 16
Der Krieg ... 18
Liebe in Zeiten des Krieges ... 19
Kriegszeiten ... 22
Kriegsende ... 23
Die Russen kommen ... 27

Grenzüberschreitung
Tote Straße ... 37
Abbuchungsauftrag ... 46
Fröhlich ... 49
Vater Vater ... 51
Und der Wohlstand ist noch weit ... 52
Eine rheinländische Straße ... 55
Familienschritte in den 50er Jahren ... 57
Ein Umzug 1961 ... 59
Gäste ... 61
Kahlschlag ... 64
   Gott ist tot ... 64
   Anfänge ... 65
   Jahrzehnte später ... 66
   Schöpfungsklänge ... 67
   Der Raum ... 68

Wiedersehen mit einer Stadt – Leipzig
Wiedersehen 1990	73
Rackwitz	77
Der beblätterte Park	79
Buchmesse (In der Orgel) 2003	82
Eine Stadt lädt ein (2007)	84

Entdecken einer Stadt– Bielefeld
Die Stadt, in der ich lebe	91
Am Stadtrand	93

Die Lähmung
Mein geschickter Engel	101
Hotel zur Klinik	105
Ein Jahr danach	108

Ziemlich alt
Blitz	115
Fast eine Liebesgeschichte	
Genug oft	116
Treffpunkt	119
Beim Wein	121
Das steinerne Gesicht	123
Am Tisch	124
Letzte Verabredung	126

Der Sturz
Verwandtenbesuch	131
Der Sturz	132
Säulen	134

Vorwort

Erinnerungsstücke

Bei dem Wort Erinnerung denke ich plötzlich: Ist denn jetzt wirklich Zeit für Rückbesinnung? Müssen wir Schreibenden nicht dringend die Gegenwart durchleuchten, erhellen und auch anprangern, wo es nötig ist?

Aber diese Gegenwart ist oft erst aus der Vergangenheit heraus zu verstehen. Sie ist aus ihr hervorgewachsen. Auch deshalb frage ich nach Erinnerungen.

Erinnerungen sind meist keine zusammenhängenden und schon gar keine lückenlosen Erfahrungen.

Ich stelle mir vor, dass sich Erinnerungen wie Fäden durch Raum und Zeit ziehen.

Manchmal gleichmäßig, fast gleichgültig. An anderen Stellen werden sie aufgehalten. Es ist, als ob sich Knoten bilden, die aufmerken lassen. Da sehe ich genauer hin. Entdecke alte Geschichten: Erinnerungsstücke. Die tragen mich durch die Zeit.

Und was ist überhaupt Zeit?

Die Zeit, die mit ihrem gleichmäßigen Ticken unsere Tage einteilt, Ordnung in unseren Kalender bringt, damit die Termine nicht über- und ineinander purzeln, die Zeit als solche ist nicht fassbar.

Sie ist ein Nichts und ein Alles. Doch sie kann – und das ist das Verrückte – sie selbst kann Purzelbäume schießen.

Sie kann brav linear laufen und plötzlich rundweg rückwärts springen, im hohen Bogen fern aller Ordnung.

Das nennen wir Erinnerung.

Die Zeit fließt
Wenn das Heute klein wird
Und das Gestern groß
Nennen wir es
Erinnerung

*Für meine Kinder und Kindeskinder
und
alle
die ein Stück auf meinem Lebensweg mit mir gegangen sind*

Leipzig

Die Wand

Das Kind hat sich im Bett zusammengerollt, liegt auf der Seite, starrt auf die Wand. Da entdeckt es einen Kratzer in der Tapete, fast ein Loch. Seine Finger tasten danach. Kratzer oder Loch, es sollte eindeutig sein. Der Finger schabt. Nur ein bisschen. Jetzt klafft die Tapete an dieser Stelle deutlich auseinander. Das Kind erwartet, die kalte Mauer der Wand zu erreichen, rau und kalkig weiß. Aber was die Hand frei gelegt hat, ist farbig und reizt dazu, die Öffnung zu vergrößern. Nicht viel. Aber das Kind will wissen, was da ist.

Endlich: klar. Das ist eine weitere Tapete. Die vorher im Zimmer klebte. Weiß, aber mit grünen Streifen, wie es aus dem kleinen Ausschnitt schließen kann. Das Kind lacht über diese Entdeckung.

Hat es die alte Tapete noch gekannt? So richtig erinnert es sich nicht. Vielleicht wenn es mehr davon sehen wird.

Doch die Öffnung wird nicht nur größer, sondern die alte Tapete rubbelt sich weiter ab. Jetzt endlich müsste die Wand zu sehen und zu fühlen sein. Aber wieder erscheint etwas Farbiges. Wieder eine Tapete. Man hat sie übereinander geklebt, erklärt die Mutter, das hält gut. Aber nun hör endlich auf, die Wand kaputt zu pulen. Tadel in der Stimme. Die Mutter hat recht, schön sieht das nicht aus, noch könnte man es verdecken.

Doch jeden Abend erliegt das Kind wieder der Faszination. Was steckt noch hinter den Tapeten? Was verbirgt diese Wand? Das Kind möchte wissen. Doch schon schläft es ein.

Als das Kind mit seiner Cousine im Schrebergarten ein tiefes Loch gräbt, schütteln die Erwachsenen wieder den Kopf. Was soll das denn?

Das Kind und Ursula graben, tief, noch tiefer. Da, endlich ein Fund: Scherben. Endlich ein Zeugnis von Menschen, die hier lebten.

Sie betrachten Reste eines Tellers, sind ein bisschen stolz.

Aber die Erwachsenen lächeln bloß. Das ist vom Vorgänger hier im Garten, dem ist halt was zerbrochen.

Stimmt! Kein altes Stück. Nicht aus der Steinzeit und schon gar nicht von den Bandkeramikern. Und ins Erdinnere, wo es brodeln soll, werden sie wohl auch nicht mit ihren Spaten vorstoßen. Das ist nun klar.

Aber sie wollten doch gern wissen, was in der Tiefe ist. Die Erwachsenen begreifen ihre Neugier nicht.

Ödland

Das Haus meiner Kindheit steht am Ende einer Straße, dort, wo es kein angemessenes Gegenüber mehr gibt, sondern wo sich hinter dem niedrigen Bau einer Waschanstalt eine freie Fläche versteckt. Etwas hügelig ist sie in der sonst ebenen Landschaft. Vielleicht hat man mal Erde aufgeschüttet oder weggenommen. Es ist eine breitabfallende Erhöhung entstanden, im Winter für kleinere Kinder ideal zum Rodeln. Kein Haus weit und breit, die Kinder kreischen, rutschen sitzend oder auf dem Bauch liegend die Hügel hinab.

Sonst gibt es eigentlich keinen Grund hierher zu gehen, wenn man nicht gerade ein Kind ist, das Entdeckungsreisen liebt.

Im Sommer wächst hier allerlei blumiges Grünzeug durcheinander. In Erinnerung ist vor allem noch, dass Kletten an meinem Rock hängen blieben, zähe kleine stachelige Kugeln, die mir Spaß machten, aber auch irgendwie ärgerlich waren. Deshalb versuchte ich, diese abzulösen und sie, wenn ich nach Hause kam, anderen anzuhängen, die nicht wissen konnten, dass ich im Ödland war, und sich wunderten und auch ärgerten über die ungewünschten Anhängsel.

In der Stadt suche ich mit meiner Freundin die abgelegenen Winkel auf. Es gibt Passagen, die sich vorzeigen lassen, mit großzügigen Schaufenstern und Modepuppen. Wir finden aber auch Gassen, die versteckt liegen, wenigstens uns scheint es so. Für uns sind es Entdeckungen. Wir fotografieren.

Wenn ich allein durch diese Gassen stöbere, erinnern sie mich an das Ödland. Von dem habe ich nicht mal meiner besten Freundin erzählt. Das ist mein Geheimnis, abseits der städtischen Kultur und bürgerlichen Welt.

Alleinsein ist, als sei man auf einem verlorenen Stern.

Schatten treten aus dem Dunkel, gehen neben mir. Sie sind hier in der Gasse wirklicher als die Flaneure auf der Einkaufsstraße, sie SIND, sind, was sie in der Tiefe meines Schicksals sind, ich höre ihnen zu. Eigentlich ist die Gasse öde, geschlossene Türen in müden Häusern zu beiden Seiten.

Tanzstunde

Es war einfach so. Alle meine Freundinnen gingen in die Tanzstunde. Zur Vorstellung vor den Eltern muss jede von uns Mädchen einen Hofknicks machen. Ich stelle mich vor den Spiegel im Schlafzimmer meiner Eltern und übe. Ich finde das zwar lächerlich, übe aber trotzdem, will mich ja nicht blamieren. Meine Schwester musste das schließlich auch alles mitmachen, als sie, die Ältere, zur Tanzstunde ging. Ich gehe wie bei vielem – auch beim Schreibenlernen – auf ihren Spuren. Dass man etwas verweigern könnte, ist unvorstellbar. Eltern haben das Sagen.

Ich fühle mich nicht so geeignet für diese bürgerliche Gesellschaft. Ich weiß nicht, was ich reden soll. Small Talk liegt mir nicht. Bei Bällen, so nannten sich damals die Einladungen zu Tanzfesten, tränen mir außerdem die Augen, weil geraucht wird. Ich sitze etwas verloren rum, denn wer will schon mit einer Heulsuse was zu tun haben. Mit einem Gläschen Wein geht es allerdings sofort besser. Da mag man mich sehr, und wir haben Spaß.

Alles scheint in dieser Gesellschaft so ehrenwert und ordentlich. Glatte Oberfläche. Was sich dahinter abspielt, bleibt (meist) verborgen. Hier ist sie wieder, die Wand.

Materie

Zuerst nehme ich alles, wie es scheint. Erst durch Wissen verändern sich die Dinge.

Da ist einfach ein Stück Holz, eine Blume, Haut, Wasser, doch alles trägt ein Geheimnis in sich. Alles besteht aus kleinsten Teilchen. Die wir mit bloßem Auge nicht sehen. Wie können wir es also wissen?

Ich folge aufmerksam den Erklärungen des Lehrenden über die Atome. Da ist ein positiv geladener Kern, um den Elektronen kreisen. Die Anzahl ist verschieden, die Stoffe haben unterschiedlich viele elektrische Ladungen, und so ist jeder Stoff anders.

Eisen, Wasser, Sauerstoff – in allem sind Kerne, um die Elektronen kreisen. Das ist das Atommodell von Bohr.

Treffen mehrere solcher Atome aufeinander, werden es Moleküle.

Nein, ich will hier nicht näher all dies erklären. In der Schule, die ich das letzte Jahr besuche, wird dies Wissen ohnehin schon vorausgesetzt. Man spricht sogar bereits von Atomspaltungen.

Und ich sehe all das dem Wasser doch gar nicht an! Dem Stück Papier erst recht nicht, das vor mir liegt und das ich nur benutzen will, um darauf zu schreiben.

Aber ich hinterfrage auf einmal die Dinge. Ich möchte hinterfragen. Nur wer hilft mir weiter?

Mein Chemiebuch zeigt vieles. Da werde ich Auskunft bekommen und viel mehr begreifen. Es ist mir ja alles wie ein Wunder. Und das wird es auch bleiben. Allerdings, etwas mehr werde ich verstehen lernen. Weil auch die Forschung Fortschritte macht und diese anwendet.

Allein komme ich aber nicht weiter, wenn ich die Materie erforschen und erproben will.

Welche Stoffe reagieren warum heftig miteinander? Welche bleiben auch im gleichen Glas getrennt? Während andere sich sanft ineinander auflösen. Chemie also! Das soll mein Studienfach werden.

Ich arbeite schon mal im Labor. Untersuche den Kohlenstoffgehalt in Eisenspänen. Sehe keinen Kohlenstoff und messe ihn doch.

Noch herrscht Frieden im Land. Doch auch hier herrscht unter der Oberfläche, unsichtbar nach außen, etwas, was ich nicht erkenne. Ich lerne, tanze, turne unbeschwert.

Ich dachte, wenn ein Krieg ausbricht, müsse es einen Paukenschlag geben. Aber es geschieht alles leise im mittleren Land.

Der Krieg

Krieg ist auf einmal nicht mehr nur ein Wort.

Der Krieg. Das sind Nachrichten. Wochenschau im Kino. Das bedeutet, dass Kohlen knapp werden. Wir werden in eine andere Schule geschickt, Nachmittagsunterricht. Die Schulzeit wird verkürzt. Mehr Männer laufen in Uniform durch die Straßen als zuvor. Luftschutzübungen mit Gasmaske.

Bisher kaum benutzte Worte werden geläufig. Verdunklung. Pflichtjahr. Sondermeldungen. Feldpost. Heimaturlaub. Lazarett. Zackig. Partisanen. Aufklärer. Kohlenklau. Schließlich: Kriegerwitwe.

Auch ehemalige Tanzpartner werden eingezogen. An der Uni studieren vor allem Medizinstudenten, die Studienurlaub bekommen haben, weil man Ärzte brauchen wird. Krieg bedeutet Einsatz in der Fabrik während der Semesterferien.

Noch fallen bei uns keine Bomben. Noch sind Lebensmittel nicht wirklich knapp, wenn auch rationiert.

Krieg bedeutet auch, dass ich nach Abitur und Ableistung der Arbeitsdienstpflicht problemlos die Zulassung zum Studium bekomme, weil die Männer an die Front müssen. Das war vorm Krieg anders, wurde mir später klar. Frauen sollten vor allem Kinder in die Welt setzen, nicht studieren. Deutsche Kinder. Aber daran dachte ich nicht. Ich wollte die Welt der Materie ergründen.

Liebe in Zeiten des Krieges

An diesem Nachmittag hatte ich mich verspätet. Ich hatte eingekauft und lief nun vom Bayrischen Bahnhof die lange Straße hinunter, an der die Institutsgebäude lagen mit ihren unerschütterlichen Backsteinfassaden, die doch bald zerschlagen sein würden.

Ich lief mit leichten Schritten an den Eisengittern vorbei, die schmale Vorgärten abtrennten. Die Straße streckte sich fast leer in die Länge, auch das war ein Zeichen für meine Verspätung. Suse würde warten. Wir führten die Versuche fürs Praktikum gemeinsam durch. Ich kam rasch voran. Vor mir lief jetzt ein einzelner Mensch die Straße hinunter. Meine Schritte federten vom Pflaster ab, und als ich ihn überholte, da sprach er mich an. Er kenne mich von der Vorlesung, meinte er. Ich hatte ihn noch nie gesehen.

Er wolle auch zum Physikalischen Institut. Ich hatte vieles erträumt und mir absonderliche Begegnungen ausgedacht, die mich zu meinem Glück führen könnten, ich war noch nicht zwanzig, aber jetzt lief ich nur und sagte Ja.

Die Straße war lang. Mein ganzes Leben habe ich darüber nachgedacht, wie er wissen konnte, dass ich es war, die ihn überholen würde. Er hatte sich nicht umgedreht.

Dass ich mich verabredet hatte, begriff ich erst, als ich Suse davon erzählte, die im Labor schon Drähte ineinander steckte und mich auszufragen begann.

Er ist im ersten Semester, teilte ich ihr mit. Studienurlaub von der Front, mitten im Semester ist er gekommen. Er trägt Uniform.

Am nächsten Tag sitzen wir zusammen im Hörsaal zwischen fünfzig anderen Studenten. Ich konzentriere mich auf den Mund des Professors und auf das Reagenzglas, das er erläuternd in der Hand hält, schüttelt und mit heller Flüssigkeit versetzt, wobei braune Dämpfe aufsteigen. Alchemie oder Geisterbeschwörung. Magie, die in Formeln gefasst werden kann. Zauber der Reaktionen, gebannt in Grundrechnungsarten.

Aber mein Blick auf die braunen Dämpfe wird abgelenkt durch unsichtbare Kräfte. Die hellen Augen neben mir nehmen gewiss keine Reagenzgläser wahr. Chemie ist ein Fach, das er nur pflichtgemäß belegt hat, weil es zur Medizin gehört. Ströme fließen von ihm zu mir, von mir zu ihm. Das ist einfach so und kennt keine physikalischen Erklärungen.

Ein magischer Kern hält uns gefangen und hält uns zugleich an seiner Peripherie, wir hüten uns, in seine Mitte zu stürzen.

Die Vorlesung ist beendet. Wir applaudieren. Er wendet mir sein Gesicht voll zu. Wir würden gleich gemeinsam zum Essen gehen. In der Studentenkneipe kennen sie uns schon zu zweit. Seine Freunde und Suse hatten uns sofort als Paar angesehen, während wir unsicher am Rand des magischen Kreises entlang balancierten wie Träumende.

Ich hatte gelernt, wieso ein Atom zum anderen drängt. Elektronen kreisen in gesättigten und ungesättigten Schalen um den positiven Kern. Wieso zog es aber zwei Menschen zueinander und hielt sie dennoch auf Abstand, so wie die negativ geladenen Teilchen nicht in den Kern stürzten? Warum setzten wir uns nicht über alles hinweg? Der Krieg. Der Krieg störte die Hoffnung.

Weihnachten trennte uns für Tage. Er fuhr zu seinen Eltern und schrieb lange Briefe. Mit seinen großen Händen schnitt er die Silhouette einer Wiese mit Blumen und Elfen aus, zwischen Grashalmen hingen unsere verschlungenen Initialen. Suse entdeckte sie zuerst.

Bald darauf musste er fort. Wieder mitten im Semester. Seine Kameraden kämpften im Osten. Wollte er sie nicht im Stich lassen?

Einmal ist er noch zurückgekommen und traf auf eine veränderte Welt. Wir liefen jetzt durch die Trümmerlandschaft der inzwischen durch Bomben zerstörten Stadt. Und doch sprachen wir nicht von all dem Schrecken. Wir wünschten uns so sehr eine Zukunft für uns.

Denkst du, wir könnten? Fingst du einmal einen Satz an und hieltest meine Hand in deiner Wärme. Wärme, ja, das war es, von dir ging Wärme aus.

Was ist aus ihr geworden in der Kälte des Winters in Russland? Wo ist deine Nähe geblieben in der Weite der Landschaft? Bei der Rauheit des Soldatenseins? Deine Nähe verstecktest du in deinen Briefen, die mich aus dem Osten erreichten.

Denkst du, wir werden? Denkst du, wir würden, könnten, sollten? Die Sätze, die diese Konjunktive auslösten, hinkten unsicher zu Ende. Die Zukunft war zerbrochen, ehe sie begann.

Der letzte Brief beschrieb Knüppeldämme durch Sumpfgelände und einen Bunker aus Holzstämmen, innen mit Birkenrinde ausgeschlagen.

Doch dieser Brief war kein Abschied. Abschied war schon in der allerersten Begegnung, als ich die lange Straße vom Bayrischen Bahnhof hinunter lief, an der die Institutsgebäude lagen mit ihren unerschütterlich scheinenden Backsteinfassaden. Nichts blieb.

Kriegszeiten

Ich sehe mich durch die Straßen laufen. Dort hat sich eine Schlange gebildet. Aus einem Parterrefenster heraus verkaufen sie etwas. Ölsardinenbüchsen. Eine Rarität. Lohnt es noch, dass ich mich anstelle? Vielleicht ist der Bestand erschöpft, wenn ich dran bin, oder es kommt Fliegeralarm.

Tage später gehe ich durch die Straßen voller Trümmer. Ich will sehen, ob das Institut noch steht, in dem ich meinen Laborplatz habe. Ich blicke mich beim Gehen nicht gründlich um, ich bin geschockt von Schrecken und Angst der Bombennacht zuvor. In dem zerstörten Stadtviertel steht fast kein Haus mehr. Nur einzelne gemauerte Wände ragen steil aufgerichtet ungehalten nach oben. Ein halbes Zimmer ist erhalten, eine Badewanne hängt in der Höhe auf einem schmalen Podest. Presslufthämmer durchschneiden die Luft. Drüben wird eine Bahre herausgetragen. Die großen Trümmerstücke haben die Keller verschüttet. Ich weiß, dass Tote geborgen werden. Ich steige durch die Trümmer wie in Trance. Treffe auf Suse, meine Studienfreundin.

Wir wollen beide wissen, wo unser Institut stand. Stand. Da ist nichts mehr als ein Haufen Trümmer. War wohl hier? Sogar der Umriss ist nicht mehr erkennbar.

Wir steigen über Mauerreste. Dazwischen lagert eine zerriebene Masse aus Stein und Mörtel. Gebrannt hat es nicht. Ob noch irgendetwas erhalten ist?

Vielleicht ein Metallspatel oder ein kostbarer Platinbecher. Wir benutzten sie, um Substanzen darin zu verbrennen, die wir vorher und danach gewogen haben, um Reaktionen quantitativ nachzuweisen.

Wir wühlen in Trümmern mit bloßen Händen. Staub steigt auf. Kein Gegenstand wird sichtbar. Nichts. Als sei hier nie etwas anderes als Mauern gewesen. Kein Fensterrahmen, kein Labortisch, kein Wasserbecken, Bunsenbrenner oder Schlauch.

So ist es in meiner Erinnerung. So muss es gewesen sein. Vielleicht lag manches Wertvolle einfach tiefer, viel tiefer. Suse und ich ziehen ratlos ab. Schauen uns um. Was besteht noch in diesem Viertel? In diesem Straßenabschnitt nichts. Weiter drüben ist das Institut für organische Chemie noch zum Teil erhalten. Wir betreten die beschädigten Räume. Alle Fenster zersplittert. Wir treffen Menschen, wir sprechen mit ihnen. Sie fordern uns auf, doch zu kommen und mit ihnen aus den Fenstern die Glassplitter zu entfernen und sie zu entkitten.

Suse und ich, wir ziehen uns warm an. Es ist Dezember, wir holen unsere Skistiefel, die dicksten Mäntel, Mützen, Handschuhe von zu Hause. Wir kommen viele Tage hierher. Die entkitteten Fenster werden zum Glaser gebracht. Irgendwann können wir alle in dieses Institut einziehen und unsere Arbeit wieder aufnehmen.

Kriegsende

Damals habe ich nichts aufgeschrieben, und deshalb ist es schwer, heute genau zu sein. Es ist sogar unmöglich.

Wir hatten im Keller gesessen, einem schmalen kalten Raum, weiß gekalkt, von rauen Balken gestützt. An den Wänden entlang reihten sich etwa zwanzig Stühle unterschiedlichster Art. Ich weiß nicht, ob jeder seinen eigenen Stuhl hatte, ich weiß nur, dass wir ziemlich dicht einander gegenüber saßen und dass wir kaum miteinander sprachen. Aber auch dafür kann ich mich nicht verbürgen. Dorothee blinzelte vom Schoß ihrer Mutter in die Runde, dreijährig, aus dem Schlaf gerissen. Und da gab es noch Richard, der im Kinderwagen schlief, durch nichts beunruhigt, auch als es jetzt draußen zu krachen begann, ein ununterbrochenes Knattern, das wir nicht recht zu deuten wussten.

Ich versuche zu schreiben, wie es war. Aber ich spüre schon, wie alles daneben gerät. Die Tatsachen stimmen wohl, auch die bedrückte Stimmung ist natürlich da gewesen, aber alle Worte kommen mir zu leicht vor. Die Väter der Kinder hier im Luftschutzkeller waren im Krieg. Ein 16jähriger Sohn war noch vor kurzem als Flakhelfer losgezogen. Es gab nur zwei ältere Männer zwischen den Frauen und Mädchen und Kindern.

Wir hatten schon oft hier gesessen, ich sehe uns deshalb sehr deutlich aufgereiht, kleine Taschen neben den Stühlen oder auf dem Schoß. Vorbereitet, dass dies alles sein könnte, was wir retten würden. Vorbereitet – das ist vielleicht die genauste Kennzeichnung der Stimmung, die noch immer tief in mir drin sitzt – vorbereitet auf den Verlust aller Dinge, vorbereitet auf noch Schrecklicheres, nein, man kann sich nicht darauf vorbereiten. Da sind wohl die flehenden Bitten, die uns durch den Kopf ziehen, treffender: Nur das nicht! Nur nicht verschüttet werden! Nur nicht lebendig begraben! Nein, nur das nicht, dass die Atemluft knapp wird.

Nein, ich habe damals nichts aufgeschrieben. Vielleicht hätte ich ganz andere Worte benutzt. Vielleicht hätte ich ganz nüchtern formuliert, dass wir uns fürchteten, unter dem eigenen Haus und dem eigenen Hausrat verschüttet zu werden. Ich weiß nicht, ob wir damals so deutlich gesprochen haben. Es war nicht üblich, über die eigenen Ängste zu reden. Sicher waren wir zunächst viel zu beschäftigt, den Keller zu erreichen, rechtzeitig. Jemand packte am Kinderwagen an, der aus der zweiten Etage heruntergetragen werden musste, jemand führte die Oma des Kleinen die Stufen hinunter, andere rannten hinauf, hinunter, holten Decken, Brot, wer weiß, wie lange wir im Keller bleiben würden.

Ich erinnere mich genau – dazu braucht einfach nichts aufgeschrieben zu sein – dass wir da unten saßen und horchten. Wir waren ganz Ohr. Wir lebten vom Hören. Wir meinten, das Unglück müsse sich zuerst in unserem Ohr ankündigen. Wir zuckten nicht zusammen, wenn es draußen rauschte und krachte. Wir hatten es erwartet.

Als schließlich alles still blieb, erhob sich einer der Männer, um vor die Haustür zu treten. Ermahnungen der Frauen, es sei gefährlich. Der andere Mann, als Luftschutzwart ausgebildet, protestierte pflichtgemäß. Sehr bald schon kam der Mann, der sich nicht zurückhalten ließ, mit der Nachricht zurück, draußen sei alles ruhig. Aber wir hatten auch schon erlebt, dass er mit dem Krachen einschlagender Bomben in den Keller zurückgeflüchtet war. Wände schienen auseinander zu treten – für Sekunden – fügten sich wieder zusammen. Jeder verkroch sich in sich selbst. Manche pressten die Hand vor den Mund.

Diesmal nun sollte es das letzte Mal sein. Dieses Mal entschied sich alles. Nicht nur aus der Luft würde die Gefahr kommen, die amerikanischen Soldaten könnten auch in den Keller eindringen oder das Haus von der Straße her unter Beschuss nehmen.

Um Mitternacht zog ich nach oben. Die Müdigkeit hatte mich zermürbt, auch fühlte ich mich schnell genug, um bei Gefahr rechtzeitig im Keller wieder zu verschwinden. Ich legte mich in der ersten Etage aufs Bett. Es geschah fast gar nichts. Es knatterte in der Ferne. Die Fensterflügel schlugen im Wind hin und her. Wir hatten die neu verglasten Fenster öffnen sollen, damit sie durch den Luftdruck möglicher Sprengbomben nicht zerplatzten.

Ohrenbetäubend flog ein Munitionszug in die Luft! Aber ich wusste damals nicht, was es war. Ich verkroch mich unter die Decke. Es konnte alles über mir zusammenstürzen.

Sonst geschah nichts in dieser Nacht. Ich hatte mir die Eroberung unserer Stadt laut und deutlich vorgestellt. Soldaten, die lärmend durch alle Straßen einströmen. Aber nur das Krachen blieb, unregelmäßig fern, verstummte schließlich ganz.

Am Morgen stiegen unsere Mitbewohner in ihre Wohnungen hinauf. Ein Gefühl von Rettung vermischte sich mit dem Gefühl, wer weiß, was noch kommt.

Hätte ich damals Notizen gemacht, ich hätte bestimmt nun das Telefongespräch erwähnt, das ich an diesem frühen Morgen mit meiner Freundin Suse in einem anderen Teil der Stadt führte.

Sie sind da!, konnte diese berichten. Gerade fahren amerikanische Panzer in unsere Straße ein.

Kurz darauf besetzten amerikanische Jeeps die Militärwaschanstalt, die unserem Haus gegenüber lag. Vom Fenster aus beobachteten wir, wie die Soldaten auf dem Parkhof eine Konservendose nach der anderen öffneten und auslöffelten und dazu Weißbrotscheiben in den Mund steckten. Wir zählten damals die Scheiben Brot – es war klebriges Brot – die wir pro Tag essen durften, und wir hatten stundenlang nach den notwendigsten Lebensmitteln angestanden.

Schließlich klingelte es stürmisch an der Haustür. Zwei amerikanische Soldaten betraten unsere Wohnung, sie liefen wortlos durch die Räume, sie sahen sich gründlich abwägend um. Wir standen betreten dabei.

Leipzig war in der Hand der Amerikaner.

Die Russen kommen

Auch das geschah im Jahr 1945, am Ende des Monats Juni.

Die Universität hatte ihre Lehrtätigkeit eingestellt. Ich stand nach Lebensmitteln an, suchte einen Garten, um selbst Gemüse anbauen zu können.

Da hieß es eines Tages, die Amerikaner werden abziehen. Sie werden unser Land den Russen überlassen. Wir konnten es nicht glauben.

Wir wussten nichts von den Verhandlungen über Berlin, das zunächst ganz von den Russen eingenommen worden war. Aber die USA hatten begriffen, wie wichtig es war, auch einen Teil von Berlin zu besetzen. Um das zu erreichen, lieferten sie Sachsen und Thüringen den Russen aus.

Wie anders wäre sonst das Leben von uns Leipzigern verlaufen. Undenkbar!

Das Geschäft meines Vaters, Ende des 20. Jahrhunderts als Filiale eines Geschäftes in St. Petersburg gegründet, lag mitten in der Stadt. Es war zweimal im Krieg ausgebrannt und immer wieder notdürftig hergerichtet worden.

Mein Vater war Pelzhändler. Pelze waren damals gefragt,

weil Mäntel überhaupt gefragt waren, auch wegen der Kälte, die schließlich von draußen in die Zimmer einbrach, weil die Kohlen knapp waren. Je länger der Winter dauerte, umso kälter wurden die Zimmer.

Die Familie meines Vaters war zahlreich. Ein Verwandter, Fritz, war nach der russischen Revolution 1917 von St. Petersburg, das dann Leningrad genannt wurde, nach Estland geflüchtet, wo sich auch eine Filiale der Firma befand.
Aber 1939 trat ein Nichtangriffspakt zwischen Nationalsozialisten und Russen in Kraft.
Die Deutschen durften in Polen einmarschieren. Russland ließ sie gewähren, bekam dafür das Recht, die Baltischen Staaten zu besetzen, die unabhängig gewesen waren.

Fritz flüchtete mit Frau und Sohn nun wieder vor den Russen. In Leipzig trat er mit in die Leitung des Familienunternehmens ein, an dem nun schon viele aus der großen Familie beteiligt waren, die sich aus Russland nach Leipzig abgesetzt hatten, weil dort die Firma enteignet worden war.

An dem Tag, als die Gerüchte in der Stadt umliefen, dass die Russen kommen würden, trat Fritz ins Büro meines Vaters.
Hast du es gehört? Fritz setzte sich meinem Vater gegenüber an einen zweiten Schreibtisch, den sie für ihn in das Büro gestellt hatten.
Glaubst du es?, fragte mein Vater zurück.
Ich werde gehen, wenn sie kommen, warf Fritz ihm über den Tisch zu.
Mein Vater zündete sich eine Zigarette an, sah Fritz aufmerksam ins Gesicht.
Ich bin nicht deshalb vom Osten hierher gekommen, um

mich wieder vom Osten einverleiben zu lassen. Glaub mir, ich kenne die Sowjets.

Mein Vater sagte noch immer nichts.

Und ich werde die tausend Silberfüchse mitnehmen, erklärte Fritz schließlich, als sei es schon beschlossene Sache.

Mein Vater ruckte nach oben.

Das kannst du nicht! Sie sind der wertvollste Warenbestand, den wir hier haben.

Eben deshalb, erwiderte Fritz kühl. Ich werde ihn retten.

Mein Vater begann, ihm künftige Schwierigkeiten im hiesigen Geschäft zu schildern, wie sie verhungern müssten und dass er es nie zulassen werde.

Fritz nannte ihn engstirnig, zum Schaden der Familie, und außerdem habe ich schließlich auch Rechte, fuhr er kühl fort und ging aus dem Zimmer.

Beide hatten durchaus Weitsicht gezeigt und die Lage realistisch eingeschätzt.

Trotzdem hatte mein Vater nicht voraussehen können, dass es so schlimm werden würde. Die Amerikaner waren mit Lastwagenkolonnen aus der Stadt gefahren, und nicht lange danach rollte die russische Armee ein, ein ganz anderes Bild, ein Heer, das seinen Sieg erst noch gewinnen musste.

Sie begannen i h r e Ordnung einzurichten. Mein Vater konnte von nun an nicht mehr Waren aus aller Herren Länder frei beziehen. Nicht mehr aus Rumänien, nicht wieder aus Afrika wie in Friedenszeiten. Es gab von nun an ein Kontor, das die Waren zuteilte. Dort wurden auch die Geschäftsvorgänge kontrolliert. Eine Art kalte Enteignung.

Mein Vater stand vor dem breitschultrigen jungen Offizier,

der hinter einem riesigen Schreibtisch saß und den er nur mit Hilfe einer Dolmetscherin verstehen konnte.

Wo hast du die Silberfüchse?, ließ der Russe fragen.

Mein Vater hätte sich gern eine Zigarette angesteckt.

Welche Silberfüchse?, fragte er leichthin.

Er sagt, du hast Silberfüchse im Geschäft gehabt, übersetzte die Dolmetscherin.

Die hat der Kompagnon, nicht ich. Ich habe keine Silberfüchse.

Wo ist der Kompagnon?

Das weiß ich nicht.

Du lügst. Du weißt es. Übersetzte die Dolmetscherin, eine junge Frau, die mein Vater gern näher betrachtet hätte, aber er musste jetzt aufpassen. Mein Vater war nicht hintertrieben, aber er hoffte, jetzt aus den Fragen herauszukommen.

Ich weiß wirklich nicht, wohin. Er hat die Silberfüchse gestohlen. Gegen meinen Willen.

Du musst es wissen, sagt er, übersetzte die junge Frau, w i r wissen es, du musst es auch wissen. Du musst sie zurückbesorgen, sonst bekommst du keine Zuteilung. Du kannst gehen.

Mein Vater war damals Ende fünfzig. Er hatte sein Leben lang Entscheidungen getroffen, wo einzukaufen und wie zu verkaufen war. Das war nicht immer leicht gewesen, er musste den Import- und Exportmarkt kennen, günstige Einkaufsquellen ausfindig machen. Im Krieg war er von Afrika auf östliche Einkaufsländer ausgewichen. Jetzt ging er aus der hohen Tür des Büros hinaus, drückte sie sorgfältig hinter sich zu, zog endlich die Zigarette aus der Tasche, zündete sie an, nicht mal die Zigarette schmeckte. Er würde niemals die Silberfüchse bekommen. Das stand für ihn fest. Er war ein geschlagener Mann.

Wochen später fuhr mein Vater dennoch nach dem Westen. Züge fuhren nicht über die Grenze. Aber man konnte mit der Bahn bis an die Grenze heranfahren. Mein Vater stand im überfüllten Abteil.

Man muss bis zum Abend warten, jemand gab Ratschläge. Die anderen schwiegen betreten. Darüber zu sprechen, kam ihnen frevelhaft vor. Es war ja illegal.

Mein Vater schloss sich einer Anzahl Menschen an, die vom Bahnhof weg in Richtung Westen liefen.

Ich muss die Silberfüchse zurückhaben, dachte er. Aber wie? Und selbst, wenn er mir einige gibt, wie werde ich sie über die Grenze bringen.

Kurz hinter ihm wurden zwei junge Männer plötzlich angehalten. Soldaten waren aus dem Gebüsch getreten. Er hatte Glück gehabt, dachte an seine Frau, die mit Angst zu Hause saß.

Wir sind drüben! Triumphierte jetzt ein Mann an seiner Seite. Wir sind im Westen.

Die anderen schwiegen noch. Man fühlte sich noch nicht sicher. Man fühlte sich noch immer illegal. Erst als sie den Zug erreicht hatten, der zu der westlichen Landeshauptstadt fuhr, zogen sie die Rucksäcke auf, worin einer Silberbesteck hatte, ein anderer Wurst, eigene Schlachtung.

Mein Vater schwieg. Drei Tage wollte er hier bleiben.

Und wenn ich nichts erreiche, dachte er, vielleicht kann ich ja hier beim Aufbau des Geschäftes nützlich sein.

Du bist alt! Sagte Fritz sehr nüchtern.

Er saß neben meinem Vater auf einer altmodischen Couch, die mit gehäkelten Kissen geschmückt war. Fritz hatte das möblierte Zimmer für sich und seine Frau gemietet.

Der Anfang hier ist hart, setzte Fritz hinzu. Wir können keine Sprünge machen, nicht zwei Familien ernähren.

Denkst du, drüben ist es leichter? Entgegnete mein Vater. Es gibt keine Lebensgrundlage mehr drüben fürs Geschäft. Durch deine Schuld, setzte er wenig kämpferisch hinzu.

Schuld! Fritz brauste auf. Schuld! Ich habe die tausend Silberfüchse gerettet.

Fritz reckte sich im Sessel. Er war mager. Seine Augen blickten auf meinen Vater herab, der fünfzehn Jahre älter war als er.

So fuhr mein Vater mit der Gewissheit nach Hause, dass es mit dem Geschäft in Leipzig nicht weitergehen würde. Wovon sollten sie dann leben?

Silberfüchse!, dachte er, während der Zug ihn auf den Gleisen schüttelte. Er war froh, zwei Beine auf dem Boden zu haben zwischen all den Reisenden.

Silberfüchse! Meine Frau hat sie immer besonders geliebt. Wenn wir am Abend in die Oper gingen oder zu Einladungen oder in Baden-Baden zur Kur weilten. Aber diese Zeiten waren für immer vorbei.

Seine Frau besaß noch einen Silberfuchs. Aber wozu? Mein Vater kam ins Träumen. Damals, ja damals.

Aber auch heute würden irgendwo Menschen Silberfüchse tragen. Nur sie gehörten nicht mehr dazu.

So wurde mein Vater vom freien Kaufmann zum Bittsteller. Er war es nicht gewohnt. Er war in großen Verhältnissen aufgewachsen, und er hatte harte Zeiten tatkräftig selbstständig überstanden. Jetzt stand er jede Woche im Kontor vor dem Schreibtisch des russischen Offiziers und trug sein Anliegen vor. Wenn er die an ihn gestellte Frage nach dem Verbleib der Silberfüchse mit Nein beantwortet hatte, sah ihn der Russe nicht mehr an. Eines Tages kam mein Vater aschgrau im Gesicht nach Hause, sein Anzug war befleckt, er musste gestürzt sein.

Unverhofft bekam er einige Wochen später eine kleine Zuteilung, Kaninchenfelle.

So hielten sie ihn über Wasser. Aber das Wasser stand ihm bis zum Hals. Zwar hatte die Familie durch Tausch von Gegenständen ihres Haushaltes gegen Lebensmittel noch genug zu essen, aber es würde nicht lange so weitergehen können.

Ich lebte damals schon einige Monate im Westen. Als ich eines Tages unverhofft nach Hause kam, erkannte ich meinen Vater fast nicht mehr. Er war schmal geworden und klein. Ständig zog er an einer Zigarette. Seine Finger waren gelb. Er saß in der Ecke seines Sofas und grübelte. Er verschwand fast darin.

Als meine Abreise näher kam, wurde er immer unruhiger.

Ich werde mit dir fahren, sagte er eines Abends zu mir, und davon ließ er sich nicht abbringen.

Er kehrte nach vier Tagen zurück, und er hat über diese Reise kein Wort gesprochen. Es muss ihm allzu hart angekommen sein.

Er wehrte sich nicht gegen eine Schwäche, die ihn nun befiel. Ein Husten rüttelte seinen leichten Körper. Er ließ sich fallen und schreckte nur manchmal auf aus Fieber und Schmerzen und fragte dann wohl: Hat er sie zurückgebracht?

Er starb wie einer, der weiß, dass seine Zeit vorüber ist, aber auch wie einer, der es nicht begreifen kann.

Zehn Jahre nach dem Tod meines Vaters zog meine Mutter zu uns in den Westen. Fritz verpflichtete sich, ihr eine kleine monatliche Unterstützung zu zahlen, wie er es meinem Vater bei dessen Besuch versprochen hatte.

Grenzüberschreitung

Tote Straße

Ich schaue zurück. In eine Zeit, in der noch nicht Worte wie Klimawandel, Schuldenkrise, Mindestlohn fast täglich in der Zeitung stehen, nichts von Erdbeben, Überschwemmungen, Dürre irgendwo in der Welt.

Ich schaue auf die Zeit, als der 2. Weltkrieg beendet war und in Europa Grenzen gezogen wurden. Sie, die Frau aus der Messestadt in Sachsen, ist über die Trennlinie gegangen. Gewandert, kann man sagen. Mit Rucksack über eine offene Landschaft mit Blick auf den Brocken und im Vertrauen darauf, dass der Weg sie führt und dass die Wanderer vor ihr das gleiche Ziel haben wie sie: den Westen.

Noch ahnt niemand, dass in wenigen Monaten eine Währungsreform durchgeführt werden wird, was bedeutet, dass die Studentin, die aus der Ostzone kommt, in Hannover keine finanzielle Unterstützung mehr von ihren Eltern, die in Leipzig leben, erhalten kann.

Neue Worte prägen diese Zeit, in der viele Menschen erst wieder ihren Lebensraum finden müssen:
Grüne Grenze. Flüchtlinge. Vertriebene. Zuzugsgenehmigung. Besatzung. Wohnraumbewirtschaftung. Spätheimkehrer.

Jetzt war Juli 1948. Sie stand im Vorraum der Mensa der Technischen Hochschule in Hannover und starrte aufs schwarze Brett. Wieder kein Stellenangebot. Stellte sie fest.

Die Miete für den laufenden Monat hatte sie zwar bezahlt. Im nächsten aber würde sie ihr Zimmer aufgeben müssen, wenn sie keine Arbeit fand. Ihre Augen irrten über die Anzeigen. Immer wieder hoch und runter. Zimmer gesucht. Etwas verloren. Es lohnte nicht, genauer hinzusehen.

Sie verließ den Vorraum der Mensa und lief durch den Park. Herrschaftlich wirkte der mit seinen Kastanienbäumen und fremdländischen Nadelgewächsen. Das anschließende Gebäude war ein Schloss, das schon 1879 Sitz der Leibniz Universität geworden war. Auch jetzt gingen wieder Studenten dort ein und aus. Es hatte zwar Bombenschäden erlitten, aber einige Hörsäle waren wieder zu benutzen. Das Grün des Parks tat ihr wohl. Hier konnte sie frei atmen. Vor vier Monaten war sie hierher gekommen. Jetzt musste sie Arbeit finden. Sie besaß ja nur die vierzig Mark, die am Tage der Währungsreform eingetauscht worden waren.

An der Straße, gleich hinter dem Park, lag das Institut. Im ersten Stock hatte sie ihren Arbeitsplatz. Sie hatte ihre Diplomarbeit begonnen. Natürlich bekam sie kein Geld dafür.

Im Institut saß Franz vor seinem Labortisch und las in einem Chemiebuch. Vor ihm kochte auf einem Dreibein in einer Porzellanschale eine Flüssigkeit und stieß bräunliche Dämpfe in den Raum. Als ob es keine Abzüge und keine Mitmenschen gäbe. Franz sah kurz auf.

Sind Sie immer noch da? Das war seit der Währungsreform seine stereotype Frage, wenn sie den Raum betrat.

Sie ist da! Sie dachte nicht daran, seine Ratschläge zu befolgen und nach Hause zu fahren. Er verstand einfach nicht, dass es nicht leicht gewesen war, sich von „drüben" zu lösen.

Und ich werde auch weiterhin da sein! Setzte sie ihm entgegen. Sie musste husten von den stickigen Dämpfen, aber das war jetzt nicht wichtig. Kein Thema für diesen Augenblick. Wenn ich keinen Job finde, kann ich mein Studium nicht beenden, ging es ihr durch den Kopf.

Wohin dann? Ihre selbstgestrickten grauen Kniestrümpfe

kniffen ihr mit ihrem Gummi ins Bein. Sie schob sie einfach runter, was gewiss hässlich aussah, aber auch das war kein Thema. Sie brauchte Arbeit.

Am Abend lief sie durch den Park zu ihrem Zimmer zurück. Ein weiter Weg dehnte sich vor ihr aus. Bald hinter dem Park lag der große Platz, Ägi genannt, und von dort begann die Straße ohne Häuser, rechts und links lagerten Steine und Trümmerberge.

Doch die Straßenmitte hatte man frei gelegt. Eine gestorbene Straße. Kaum ein Mensch ging hindurch. Wie lange würde sie so bleiben? Es schien ihr unmöglich, dass diese gewichtigen Massen jemals zu beseitigen sein würden.

Erst als wieder Häuser die Straße begrenzten, lief sie langsamer. An der Ecke stieß sie fast mit Klaus zusammen. Sie kannte ihn von der Uni, war aber verwundert, dass er so nah bei ihr wohnte. Klaus verdiente sich Geld durch das Austragen von Zeitungen. Drei Mal in der Woche gab es wieder Lokalzeitungen. Er meinte, bald könne er sich verbessern, den schlechtesten Bezirk bekomme immer, wer zuletzt kommt – wenn du es trotzdem machen willst.

Ihre Miete betrug 16 Mark im Monat, und sie könnte 50 Mark durch Zeitungen austragen verdienen, ohne Trinkgeld. Sie lief in das Haus, in dem sie ein halbes Zimmer gefunden hatte. Aneinander gereihte Wohnhäuser. Im zweiten Stock schloss sie die Wohnungstür auf. Es war eine Dreizimmerwohnung. Ein Zimmer gehörte der Hauptmieterin. Die anderen beiden waren vom Wohnungsamt belegt worden. Eines davon hatte ein altes Ehepaar gemietet, das sie bisher ständig in der Küche angetroffen hatte. Er und sie saßen sich am Küchentisch am Fenster gegenüber und erwarteten begierig von jedem, der den Raum betrat, neuen Gesprächsstoff. Im dritten Zimmer wohnte sie mit Gerda. Ein gutbürgerlicher Esstisch nahm die ganze Mitte des Raumes ein. Links breitete sich ein Eichenbüfett schwerfällig an der Wand aus und sah herüber an die andere Seite des Zimmers, an der zwei Betten hintereinander aufgestellt worden waren.

Sie befand sich jetzt allein im Zimmer. Sie breitete ihre Bücher an dem einen Ende des Tisches aus. Stillschweigend hatte sich jede eine Hälfte angeeignet. Die grauzopfigen Kniestrümpfe zog sie endlich aus. Es war nicht kalt. Barfuß setzte sie sich aufs Bett, mit dem Rücken an die Wand gelehnt. Sie würde also bleiben können. Wovon sie allerdings Chemikalien und Laborgeräte bezahlen würde, war ihr völlig unklar. Aber Miete und das Notwendigste wären erst mal gesichert, wenn es mit dem Job klappte.

Einen weiteren Studenten lernte sie in der Mensa kennen. Sie saßen sich gegenüber. Er wollte wissen, seit wann sie hier sei. Er habe sie noch nie gesehen. Was sie denn studiere, und woher sie komme. Plötzlich stand Klaus vor ihr.

Es klappt doch nicht!, rief er. Kannst du noch warten?

Ihr blieb der Bissen im Hals stecken. Sie lief zum schwarzen Brett. Starrte jeden Buchstaben an.

Tut mir leid, meinte Klaus, der mitgekommen war. Und ging seines Weges.

Der Park düsterte graugrün vor sich hin, als sie zum Labor hinüberging. Noch war ihr Magen gefüllt. Sie trug Brot in der Tasche von „The World Council of Churches" gespendet, und jemand hatte ihr Milchpulver zugesteckt. Es gelang ihr, Franz ein zuversichtliches Gesicht zu zeigen. Sie wollte seine schlauen Reden nicht wieder hören.

Franz schenkte ihr einen Apfel, als er seine Zwischenmahlzeit auspackte. Ein Apfel war eine Kostbarkeit für sie.

Von Zuhause, erklärte Franz schlicht und meinte den Garten seiner Eltern, die ihn auch finanziell unterstützten. Das Leben ging für viele hier in der britisch besetzten Zone also weiter wie bisher. Franz meinte deshalb, dass auch sie ins Elternhaus gehöre. Aber in der russisch besetzten Zone sah es ja anders aus als hier. Ihre Eltern mussten dort auch um ihre Existenz kämpfen, und die weitere Entwicklung war nicht abzusehen.

Sie gab etwas weißes Pulver, das sie untersuchen und verändern sollte, in ein Reagenzglas, schüttete Salpetersäure darauf, erhitzte es. Am Abend lief sie wieder die Trümmerstraße entlang, ein Weg wie auf dem Mond. Niemals, nie konnte es hier Leben gegeben haben. Die selbstgestrickten Zopfstrümpfe aus Sackgarn – es gab ja keine zu kaufen – drückten an solch langem Tag, und die amorphe Masse zu beiden Seiten der Straße wuchs bedrohlich um sie auf. Nur ihr Verstand wusste, dass die Straße wieder in Bewohntem münden würde.

Im Zimmer setzte sie sich wie jeden Abend an den schweren Eichentisch neben das riesige Büfett. Möbelstücke, die unverrückbar schienen. Sie kannte sie nur allzu gut aus den Zimmern ihrer Eltern und Großeltern. Gerda merkte, dass sie ihr Schreibzeug von rechts nach links und von links nach rechts schob. Sie strich durch ihr Haar, schlug den Schreibblock auf und wieder zu, stürzte zur Tür. Es hatte geklingelt. Es war Klaus. Er hatte den Zeitungsjob nun doch für sie bekommen.
Morgen kannst du dich bei der Zentrale melden.

Ihre Beine schwollen an vom Laufen. Jeden zweiten Tag brachte sie Zeitungen zu den Abonnenten. Drei Stunden stieg sie die Stockwerke hinauf und hinunter, durchquerte Trümmergrundstücke. Jeden Tag lief sie eine Stunde zum Labor, stand dort fast den ganzen Tag und lief abends eine Stunde zurück. Ehe sie nicht den ersten Lohn erhalten hatte, konnte sie nicht die Straßenbahn benutzen – und dann würde das Geld sicher auch nicht reichen.

Mit den vierzig Mark, die sie wie jeder Einwohner der Westzone Deutschlands am Stichtag der Währungsreform, am 21.6.1948, umgetauscht erhalten hatte, musste sie noch lange auskommen. Die Frage, ob die Zahnpasta noch bis zum Monatsersten reichen würde, nahm ihre Gedanken in Anspruch.

Als sie noch „drüben" in der Ostzone lebte, hatte sie nach den Einzelheiten der neuen politischen Richtungen dort gefragt, die mit Kriegsende und Rückzug der Amerikaner aus Sachsen über sie gekommen waren. Sie besuchte Versammlungen, sie wollte wissen, wie die Zukunft in einem kommunistischen Land aussehen könnte.

Jetzt, hier im Westen, kümmerte sie sich nicht um Parteiprogramme, die schon wieder geschrieben wurden, nicht um Versuche, politische Gruppen zu bilden. Sie wusste später auch nicht, was in den Schaufenstern gelegen hatte in dieser Zeit. Sie beachtete nicht die barackenähnlichen Gebäude an der Geschäftsstraße, die anstelle der zerbombten Bürgerhäuser aufgestellt worden waren.

Dass es wieder Obst gab, erfüllte sie mit Neid auf die, die es kaufen konnten. Immer aber brannte in ihr die Frage, ob sie ihr Studium weiterführen könnte.

Wie es kam, dass sie sich alle versammelt hatten, kann sie nicht mehr sagen. Es waren auf einmal viele. Sie hatten das gleiche Problem. Weiterstudieren ohne Geld. Sie konnte von ihren Eltern in der russisch besetzten Zone keine Unterstützung mehr bekommen. Deren Geld galt seit der Währungsreform hier in „Trizonesien", wie ein Schlager die drei vom Westen besetzten Teile Deutschlands nannte, nichts mehr.

Anderen musste es auch so gehen. Manche Studenten waren erst spät aus Kriegsgefangenschaft gekommen, manche hatten Familie.

Sie achtete nicht auf die Häuser der Straßen, durch die sie zogen. Sie wusste nicht, welchen Weg sie liefen und wohin. Sie lief in der riesigen Menge mit, geschoben, getrieben. Sie erfuhr, dass das helle Gebäude, vor dem sie schließlich anhielten, der Landtag sei. Einen Eingang konnte sie nicht entdecken. Sie sah auf eine kahle Wand mit regelmäßigen Reihen von Fenstern. Das sah recht unzugänglich aus.

In dem Land, aus dem sie kam, war niemals nach Kriegsende eine so ungeordnete Masse durch die Straßen gezogen und angesammelt stehen geblieben.

Es hieß, eine Abordnung von Studenten sei im Landtag vorgelassen worden. Sie wollte als Sprecher für alle Zuschüsse für Studenten fordern. Sie hatte noch nie Forderungen an den Staat gestellt.

Sie standen Stunde um Stunde und sprachen von Dingen, die sich rasch vergessen lassen. Bis es über ihren Köpfen zu knarren begann. Die Stimme im Mikrophon war kaum zu verstehen. Vom akademischen Proletariat war die Rede. Eine neue Vokabel für sie. Sie hüllte sich enger in ihre karierte Jacke, sie zog ihre Kniestrümpfe stramm nach oben, weil ihre Knie kalt wurden. Sie erhoffte sich von der Stimme im knarrenden Mikrophon für ihre Existenzprobleme nichts.

Damals löste sich die Menge nach der Beruhigungsrede unvorstellbar schnell auf. Sie bog in die Trümmerstraße ein.

Hinter ihr waren Schritte zu hören. Sie wagte nicht, sich umzudrehen.

Sie roch den Staub der Trümmer und begann schneller zu gehen. Doch es war der Student aus der Mensa, der sie am Platz entdeckt hatte und ihr gefolgt war.

Ich habe eine Arbeit gefunden, teilte sie ihm mit. Zeitungen austragen.

Er kalkulierte Verdienst gegen Stundenzahl. Unrentabel, war sein Kommentar.

Weiter durchquerte sie täglich zweimal die tote Straße. Sie steigerte ihre Schritte nicht mehr. Hitze staubte an warmen Tagen durch die Atemluft. Sie dachte an den jungen Studenten in dieser Verlorenheit und sehnte sich nach Leben und Wärme. Sie wusste nicht, wie es weitergehen sollte. Sie könnte ein Stipendium beantragen. Der Professor hatte sie daraufhin angesprochen.

Der Traum, Kinder zu haben, durchnebelte manchmal ihre Gedanken. Dazwischen Bilder von Arbeit in einem Betriebslabor. Sie hatte während des Krieges einige Monate in einem Betrieb gearbeitet. Aber würde es in Zukunft überhaupt genug Arbeit geben? Noch war der Morgenthauplan im Gespräch, der vorsah, das von den westlichen Staaten besetzte Land in ein Agrarland umzuwandeln, damit Deutschland nie wieder stark werden könnte.

Später wusste sie nicht, ob sie überhaupt eine Entscheidung gesucht hatte. In ihrer Erinnerung balancierte sie jenseits von Vergangenheit und Zukunft durch den Tag, nur bemüht, ihre Existenz zu sichern. Sie spielte die Rolle der Frau und fühlte sich zugleich als Studentin, die um alles in der Welt nur ihren Beruf will. Als das arme Mädchen – wie im Märchen – schenkte man ihr Grießbrei bei der evangelischen Studentengruppe, obwohl sie zu dieser nicht gehörte, teilte ihr Suppe zu von einer Schweizer Hilfsorganisation (sogar mit Fleischstücken!).

Wenn sie abends durch die tote Straße zu ihrem Zimmer lief, erstarrte alles in ihr. Vom Jammertal hatte der Pfarrer am Sonntag gesprochen. Sie hatte es mit Kirche versucht. Das Leben sei ein Jammertal. Aber die Bäume im Park hatten sich belaubt, die Himbeeren in den Waldstücken reiften. Keine Flugzeuge dröhnten mehr bedrohlich über ihren Köpfen, keine Sirenen heulten mehr und verkündeten Fliegeralarm und jagten sie in die Luftschutzkeller.

Später hat sie sich oft gefragt, ob sie die Zeitungen damals wohl gelesen hat, die sie in die Häuser brachte. Später erst wurde ihr klar, wie viel wichtiges in diesen Jahren in der Politik entschieden und dass es auch für sie entschieden wurde. Während sie Zeitungen verteilte, mit den Mitbewohnern sprach, der Student Zukunftspläne entwickelte, die auch sie betrafen, während das weiße Pulver sich weigerte erwünschte Verbindungen einzugehen, beachtete sie nicht, dass andere Menschen intensiv bemüht waren, eine Demokratie aufzubauen. Möglich ist allerdings auch, dass die persönliche Existenzfrage einfach deutlicher in ihrer Erinnerung abgespeichert blieb als Gespräche über den gewaltsamen Tod Gandhis oder die Bildung eines israelitischen Staates.

Vier Wochen hatte sie nun Zeitungen ausgetragen. Vier Wochen, die sie mit Hilfe von Schwedenspeisung und Schweizer Eintopf für Untergewichtige bestand. Vom ersten verdienten

Geld kaufte sie sich ein ganzes Pfund Kirschen und aß diese allein und nacheinander auf. In der Steinwüste der toten Straße entdeckte sie Weidenröschen. Dreißig Jahre würde es dauern, um den Schutt zu beseitigen, hatte sie eine kompetente Stimme sagen hören. Sie hatte es sofort geglaubt.

Abbuchungsauftrag

Ich habe den Abbuchungsauftrag für die Zeitung nun doch ausgefüllt, und deshalb ist mir wieder eingefallen, wie es damals war.

Damals, es war drei Jahre nach Kriegsende, hatten die meisten Häuser noch keine Briefkästen in langer Reihe unten im Hausflur, und die Gegend, die ich mit Zeitungen versorgen musste, war durch Bomben ausgelichtet, sodass die Häuser und Häuserblocks nur vereinzelt an der Straße standen.

Damals machte ich die Bekanntschaft mit Wohnungstüren, die sich meist einmal im Monat für mich öffneten. Manche nur spaltbreit, andere allerdings weit und gedankenlos.

Ich war ein grauer Schatten, der sich frühzeitig durch die Straßen bewegte, ich war namenlos und ohne Alter. Ich vergaß, dass ich irgendwo zu Hause war. In diesen Morgenstunden war mein Kopf voll von fremden Namen, zu denen Straßen und Hausnummern gehörten. Ich stieg hier in die dritte Etage hinauf, um eine Zeitung in den Schlitz der Wohnungstür zu werfen, lief dort durch eine Gartenpforte zu einem Schrebergartenhaus, fand in einem Trümmergrundstück den einzigen noch bewohnten Raum, belieferte Türschlitze von Einzelhäusern und dann wieder erste Etage, dritte Etage, die Schule, ein Büro.

Wenn ich einmal im Monat an diesen Häusern klingelte – nicht am Morgen, das hätte manche meiner Kunden gestört. Einige waren dann gerade beim Aufbruch, die meisten anderen schliefen vermutlich noch. Wenn ich am späten Nachmittag oder frühen Abend an den sonst fest verschlossenen Wohnungstüren klingelte, reichte ich die Quittung in eine mir unbekannte Hand, die zu einem Namen gehörte, der auf meiner Liste stand und den ich beliefert hatte. Ich nahm das Geld in Empfang, wechselte auch Geld, wenn es nötig war, dankte und hatte kaum Zeit in das Gesicht zu sehen, das zu der Hand und dem Namen gehörte. Es wurde fast nie mehr gesprochen als die nötigsten Worte, wenn nicht gerade ein Kunde Beschwerde führte, weil die Lieferung zu spät sei. Schließlich konnte nicht jeder der erste sein, den ich belieferte, und ich lief drei Stunden am Morgen.

Trotzdem lernte ich die Menschen unterscheiden. Ich erkannte mit einem Ein-Sekunden-Blick freundliche und abwehrende und rein geschäftliche Gesichter, junge und alte, große und kleine Gestalten, aber ich blieb auch am Nachmittag oder Abend für meine Kunden nur ein grauer Schatten, der sein Sprüchlein sagte, Geld kassierte und wesenlos weiterging. Allenfalls wurde einmal ein Blick getauscht, durch ein Trinkgeld ausgelöst oder eine ungeschickte Bewegung, und einmal bekam ich sogar einen Apfel geschenkt. Ein anderes Mal drückte mir die Frau, die im Schrebergartenhäuschen hinter einem Wald von Sonnenblumen wohnte, einen großen bunten Strauß in die Hand. Dann leuchtete der Tag, und ich selbst kam mir auch ein bisschen heller vor und huschte leichtfüßiger durch die grauen Morgenstunden.

Ich musste auch in einem großen Schulgebäude am Morgen die Zeitung abgeben. Ich brauchte sie nur in die Portiersloge hineinzureichen und machte mir keine Gedanken, wer sie erhielt. Als ich zum ersten Mal kassieren musste, schickte mich der Portier auf die Station, denn in dem Gebäude war noch immer ein Lazarett untergebracht. Ich lief den langen dämmerigen Korridor entlang, einzelne Gestalten, die mir entgegenkamen, erstaunten mich. Sie trugen alle Gesichtsmasken oder Gesichtsverbände. Zwischendurch traf ich Schwestern, die mit Tabletts mit Medikamenten herumliefen. Ich fragte eine von ihnen nach Herrn Jansen.

Herr Jansen? Wiederholte sie, ja, ich sage Bescheid. Warten sie hier, befahl sie mir, als ich mit ihr gehen wollte.

Herr Jansen neigte sein Gesicht tief über sein Portemonnaie, als er mich am Ende des Korridors erblickte. Er fingerte unentwegt an Geldstücken herum, obwohl ich ihm die Rechnung noch nicht gegeben hatte. Erst dann, als er mir das Geld reichte, sah ich, was er vor mir verbergen wollte. Sein Gesicht trug keinen Verband, aber durch jegliches Fehlen eines Gesichtserkers und eine lange dunkle Narbe war es entstellt. Doch zugleich wirkte es ungeheuer jung, und das erschreckte mich fast noch mehr. Ich schämte mich siedend heiß, jung und gesund zu sein und ein normales Gesicht zu tragen. Ich stand da und sah ihn immer noch an, sah ihm nach, wie er leicht humpelnd mit raschen Schritten auf die nächste Zimmertür zuging.

Ich lief weiter durch die Trümmer dieser Stadt. Meine Namensliste führte mich zu den lebendigen Häusern, wo die Trümmer schon zurückgedrängt waren. Wir glaubten nicht, dass sie jemals ganz verschwinden könnten. Ich hatte mich längst an die Steinbrockenlandschaft gewöhnt, auf der Weidenröschen blühten und ein grünes für mich immer noch namensloses Kraut. Ich war fremd in dieser Stadt. Ich hatte nie die Häuser dieser Straßen gesehen. Jetzt aber sah ich, wenn ich schattengleich durch die Trümmerstraßen lief und das Bewohnte besuchte, immer wieder das nasenlose kindhafte Gesicht, das sich von mir abwendete.

Der Schatten des Krieges, der vor drei Jahren beendet worden war, lief mit mir graufüßig treppauf und treppab. Zeitungen für die schon wieder bürgerlich lebenden Bewohner, für die Gartenlaubenbewohnerin (die vielleicht irgendwo ausgebombt worden war), für den ehemaligen Soldaten, der nicht angesehen werden wollte und der sein Geld von da an zum Portier gab, wenn Zeit zum Kassieren war, weil die Spuren des Krieges in seinem Gesicht nicht verwischen konnten.

Heute, als ich den Abbuchungsauftrag für die Zeitung ausschrieb, ist mir das alles wieder eingefallen. Ich wunderte mich, dass ich es dreißig Jahre mit mir herumgetragen hatte.

Bisher weiß ich, wer mir meine Zeitung am Morgen in den Briefkasten steckt, einmal im Monat weiß ich es.

Ich zögere nun doch wieder, diesen Abbuchungsauftrag abzugeben, denn dann wird irgendjemand als grauer Schatten in der Morgendämmerung überhaupt nur noch Haustüren beliefern.

Fröhlich

Fröhlich ist tot! Der es mir mitgeteilt hat, auch ein Student, ist schon fortgegangen. Der Stuhl ist leer, der Kaffee ausgetrunken, der Name dessen vergessen, der es mitgeteilt hat. Der Tag neigt sich. Fröhlich ist nicht mehr, und sie hatte noch nicht mal von seiner Krankheit gewusst.

Als sie ihn kennen lernte, hatte sie von ihm erwartet, was sein

Name versprach. Samstag Abend, wenn die anderen Studenten ihren Verabredungen nachgingen oder ganz einfach zu Hause blieben, hatte Fröhlich sie eingeladen zu ihm zu kommen, weil er, so wie sie, nicht nach Hause konnte. Auch seine Freundin lebte jenseits der Grenze in der DDR, unerreichbar für ihn.

Fröhlich besaß immerhin eine Kochplatte, eine Pfanne, etwas Mehl (oder war es Gries?), Eier und ein wenig Öl. Kein Bratkartoffelverhältnis also, sondern eine Eierkuchenfreundschaft.

Fröhlich machte sich an die Arbeit. Sie sah, wie geschickt er war. Mit seinen dunklen Augen beobachtete er das Bräunen des Teiges. Das sättigte ihre hellen Augen, schon bevor sie den ersten Bissen tat. Wie hätte sie denken sollen, dass der Tod so nah war. Der hatte doch vorher bessere und genug Chancen gehabt. Durch Bomben und Granaten hätte er leichtes Spiel mit Fröhlich haben können. Aber Fröhlich war ohne Verwundung aus dem Krieg heimgekehrt.

Der Teig warf Blasen in der Pfanne. Draußen ging das Licht verloren. Fröhlich pfiff jetzt und warf den platten runden Kuchen in die Luft. Sie mischte Zimt zwischen Zucker, suchte Löffel aus dem Kleiderfach. Wer hätte da an die kalte Nähe des Todes denken sollen, es war ja nur die Trennung von der Freundin, die, als sie schließlich schweigend vor sich hin kauten, Trübes in den Abend streute.

Später hatten sie einmal zusammen getanzt, in wirren selbstvergessenen Schritten, die ihre Fröhlichkeit verloren, als die Musik unerwartet aussetzte. Sie standen gerade am Fenster des Saales, das schwarz war von Nacht, und Fröhlich erzählte, dass seine Freundin kommen würde, nächste Woche, erst nur zu Besuch. Und jetzt ist er tot, die Freundin ist noch bei ihm gewesen. Die Krankheit hatte er vom Krieg mitgebracht.

Vater Vater

An die allererste Begegnung kann sie sich gut erinnern. Wie sie stand, Arm in Arm mit dem Studenten, den sie lieb gewonnen hatte, in einem Garten, einem Garten mit weitem Blick auf Weinberge und waldige Hügelketten. Der Krieg war vorüber. Sie waren aus der Großstadt hierher gefahren. Er wollte sie seinen Eltern vorstellen. Hier ist sie, die ich heiraten will.

Der Vater trug einen weiten Korb auf seinen Händen und trat vor sie beide. Sie hatte jahrelang keine Weintrauben gegessen und keine Pfirsiche geschmeckt. In ihrer Heimat wuchs so etwas nicht und gab es auch während des Krieges nicht zu kaufen.
Langt zu, sagte der Vater nach der ersten Begrüßung, und es war nicht ihr Vater, der es sagte, aber er sollte ihr Vater werden, ein bisschen sollte er auch ihr Vater werden. Mit den Früchten des Landes hieß er sie willkommen.
Die Pfirsiche leuchteten samten, und die Trauben glänzten grün und rot. Sie zupfte eine Frucht und steckte sie sich in den Mund. Und siehe, es war alles gut.
Aber der Vater blieb der Vater, als der er ihr am ersten Tag begegnet war. Er blieb der Vater der Früchte und Vermittler seiner pfälzischen Heimat. Sie gewann das Land lieb, aber sie blieb die Fremde, die gekommen war, um den Sohn zu heiraten.

Mein Vater kommt, sagte sie eines Tages, er hat geschrieben. Er kommt von Leipzig über die grüne Grenze, und er will mich sehen.

Sie stand am Bahnhof, und sie musste lange warten, weil der Zug verspätet eintraf. Als der Vater ausstieg, war er klein geworden und schmal, und die Falten auf seinem Gesicht zuckten von der Anstrengung und den Sorgen, die er hatte in dem östlichen Land, aus dem er kam.

Mit leeren Händen, zeigte er, aber das war nur eine Feststellung.

Er fing an, nach ihr zu fragen. Ob sie gesund sei. Ob sie glücklich ist. Ob sie zu Besuch kommen werde. Die Mutter sage immer, dass sie da drüben den Krieg allein verloren hätten.

Beim Abschied konnten sie sich nicht ansehen, um dem Schmerz nicht freien Lauf zu lassen. Nachher wurde der Zug so klein, dass sie glaubten, er sei nie groß gewesen, und der andere Vater stand hinter ihr und sagte, dass er Neuen Wein mitgebracht habe. Das klang verheißungsvoll. Es waren ja nur kurze Tage, die sie in dieser Landschaft verbrachten, ehe sie in die noch stark zerstörte Großstadt zurückfuhren, um ihr Studium fortzusetzen und die Hochzeit vorzubereiten.

Der Wohlstand ist noch weit

Das Zimmer ist wirklich klein. Zu klein. Mit Wohlstandsaugen gesehen. Für drei Menschen reicht es aber aus. Das Baby liegt ja noch im Körbchen. Das Körbchen steht auf einem Schränkchen. Das Körbchen nimmt kaum Platz ein.

Das Zimmer gehört zu einer Wohnung, die eine Dame gemietet hat. Sie ist sehr alt. Von den jungen Leuten aus gesehen. Fast siebzig Jahre. Deshalb braucht die Dame zwei Zimmer. Vielleicht auch, weil sie mehr bezahlen kann. Oder weil sie zuerst hier war. Sie ist schließlich weder ausgebombt noch Flüchtling. Die Dame – sie ist Rektorenwitwe, sagt sie – hat das dritte Zimmer der Wohnung vermietet. Die Dame musste es abgeben. Das Wohnungsamt verpflichtete sie dazu. Das hat damals überall reingeredet. Da in dem kleinen Zimmer drei Personen zusammengedrängt leben, erklärt die Dame dem Beamten, dass vier Personen in der Dreizimmerwohnung leben. Das stimmt auch. Das Baby darf sogar manchmal in seinem Körbchen im Schlafzimmer der Dame stehen. Wenn die Dame nicht Nachtschlaf oder Mittagsruhe hält. Oder tagsüber leidend ist.

Die junge Familie richtet sich in dem einzigen Zimmer ein. Sie ist froh, dieses gefunden zu haben. Sie hatte keine Wohlstandserwartungen. Damals.

Die Dame hatte sich, als sie ihn und sie aufnahm, versichern lassen, dass die Frau Küche-Bad-Korridor mitreinigen würde. Darüber hatte die Dame ihre Befürchtungen vergessen, es könne ein Kind geboren werden. Als nach einem Jahr das Baby kam, scherzte die Dame mit dem Kind, dessen Erscheinen sie in Kauf nahm. 1949 musste mancher manches in Kauf nehmen.

Die junge Familie wusste nicht, wohin mit dem Kinderwagen. Der Vater platzierte ihn im Korridor. Da kann er aber unmöglich stehen bleiben. Im Keller ist er auch nicht angebracht. An die Decke können sie ihn nicht hängen. Die Dame gibt sich reserviert. Spricht sich umso mehr mit anderen Damen aus. Kinderwagen im Korridor brauchen sie nicht zu dulden. Die Babywäsche brodelt in der Küche. Das gibt Dämpfe. Und Gerüche. Nachher Unordnung im Badezimmer. Für kurze Zeit. Pampers sind noch unbekannt. Die Dame rümpft die Nase. Wer auch duldete heute einen Topf mit fremder Babywäsche auf seinem Herd. Gleich neben der Wohlstandssuppe aus der Dose.

Aber Baby braucht saubere Wäsche. Baby ist gesund und verschmutzt seine Windeln mit nötiger Regelmäßigkeit. Damit muss man rechnen. Die Dame hatte nur berechnet, dass sie Hilfe von der jungen Frau haben würde.

Baby gedeiht. Die Dame rümpft weiter die Nase. In der Küche. Sie lacht mit dem Baby. Dem süßen Kleinen. Kille-kille. Was macht denn der süße Junge? Vielleicht hat sie Großmuttergefühle. Aber das mit der Wäsche geht zu weit. In der Küche duldet sie keine Gerüche mehr. Und Wäschekochen im Zimmer? Wo denken Sie hin? Da würde die Tapete ja leiden.

Nein, von Ausziehen sagt sie nichts. Auch nicht, dass der Kinderwagen ihr ein Dorn im Auge ist. Nur, er muss eben vom Korridor verschwinden. Streit leistet sie sich nicht.

Warum sich über die jungen Leute ärgern. Man hat ihr Ratschläge gegeben. Sie ist vorsichtig. Wer weiß auch, wer dann einzieht. Das Wohnungsamt wird ihr jemanden zuweisen. Noch ist der Wohlstand nicht ausgebrochen. Zu viele Häuser sind durch die Bombenangriffe zerstört.

Baby schreit auch mal nachts. Es verbraucht unermüdlich Windeln und Jäckchen. Es wächst. Es lächelt die Dame an. Rauswerfen wird die Dame niemanden. Sie geht schließlich in die Kirche. Sonntags. Allerdings in der Küche hat sie das Sagen und muss ihre Rechte als Hauptmieterin geltend machen. Sie wäre sonst schön dumm.

Als die junge Familie auszieht, lächelt sie süßlich bedauernd. Wer weiß, wer nun zu ihr eingewiesen wird. Sie hat ja nur ein Zimmer zu beanspruchen. Leider ist sie inzwischen Witwe. Und der Wohlstand ist noch weit. Sie wird ihn nicht mehr erleben.

Eine rheinländische Straße

Diese Straße habe ich vor über fünfzig Jahren verlassen. Das damals neu erbaute Haus, in dem wir gewohnt haben, steht noch. Steif wie damals. Es ist noch immer das Gegenüber des Hotels, das ich nie betreten habe.

Damals lief unser Kind die ersten Schritte auf den Bürgersteigen der vielbefahrenen Verkehrsstraße, die nur den Rand der kleinen Stadt berührte. Der Kirchplatz mit seiner alten Bebauung war schon immer der eigentliche Mittelpunkt des Ortes, liegt aber etwas tiefer.

Unser Kind schaut aufmerksam in die Welt. Im Nachbarhaus ist eine Garage eingebaut, dort hat sich ein Laden eingerichtet, der Milch verkauft. Bald schon kann unser Junge, da er zuverlässig ist, allein mit der Aluminiummilchkanne in der Hand dort Milch holen. Er ist begeistert von den Autos, die durch die Straße jagen. Er kennt alle Automarken, während für mich alle Autos gleich aussehen.

Die Familie hat keinen Anteil an der Mobilität. Der Vater hat gerade seine erste Stelle hier angetreten. 300 Mark pro Monat nach jahrelangem Studium. Bald wird das Gehalt ein wenig erhöht, damit die Miete (90,- Mark) bezahlbar wird.

Es ist im Jahr 1951. Die Familie, die über uns wohnt, ist, wie auch wir, aus dem Osten Deutschlands gekommen. Sie haben sich hier angesiedelt, weil Verwandte von ihnen hier wohnen, die schon zu kleinem Wohlstand gekommen sind. Deshalb sitzen diese in der sonntäglichen Versammlung in der Kirche in der ersten Reihe. Das Töchterchen der Mitbewohner kann kaum laufen. Aschermittwoch streicht ihr der Priester ein Kreuz aus Ruß auf die Stirn. Die Hand von Eva will es wegwischen, schwarz, schmutzig, bä. Der kleine Mund schmollt.

Lebensmittel sind bei den Mitbewohnern knapp. Der Wohlstand der Verwandten ändert daran nichts. Auch an Feuerholz für den Kanonenofen in der Dachwohnung fehlt es. Unser Kind bringt Kleinholz nach oben, das sein Vater geschenkt bekommen hat, und auch Milch, wenn bei uns welche übrig ist. Jetzt bleibt täglich etwas übrig.

Einmal erwacht der Junge in der Nacht.

Rasch! Komm! Flüstert der Vater halblaut ins Zimmer, als sollten die Wände nicht erschrecken.

Das Kind springt ans Fenster. Der Vater hebt es hoch. Die Füße setzt es aufs kalte Fensterbrett. Aber was es nun sieht! Durch die Verkehrsstraße, durch die am Tag die Autos jagen, trotten gemächlich –nein, es ist nicht zu glauben – es träumt – trotten fünf dicke Elefanten. Kopf an Schwanz. Der jeweilige Rüssel hat den Schwanz des vor ihm gehenden Elefanten gepackt. Lautlos sind die Schritte. Im Dämmerlicht der Laternen ein gespenstiger Zug.

Fanten! Fanten! Ruft das Kind ganz aufgeregt. Fanten! Fanten! Es kennt sie vom Bilderbuch. Aber diese bewegen sich.

Zirkus, sagt der Vater schließlich. Ein Zirkus kommt ins Städtchen.

Ja, das Haus birgt Erinnerung. Aber wer weiß schon davon.

Familienschritte in den 50er Jahren

Durchs Zimmer tönt lautes Stimmengewirr, als hätten sich Massen von Menschen versammelt. Das Radio verströmt Spannung in den Raum, in dem ich auf der Couch liege und nach Ruhe verlange. Sonst kann sich die Milch nicht bilden, behaupte ich, und die Höhle sich nicht zurückbilden, aus der das Kind geschlüpft ist. Christian nennen wir das Kind, das im Körbchen neben mir liegt und schläft. Runzlig im Gesicht, winzige Fingerchen, fleißig atmend, noch geht ihn die Umwelt nichts an, fragt es nicht nach Krieg und Frieden.

Der Vater des Kindes betritt das Zimmer mit den einfachen Möbeln, einem verschrammten geerbten Schreibtisch, einem Bücherregal, und in der Ecke steht ein Ofen. Wenn man dessen obere Klappe öffnet, um Koks nachzulegen, flammt das Feuer darin auf. Feiner Staub zieht ins Zimmer.

Warte noch mit dem Gepolter beim Aufschütten, damit das Kind nicht aufwacht.

Was wird geschehen? Sagt der Vater vor sich hin und meint nicht das Kind. Er ist voller Sorgen. Ich werde den Keller durch Balken abstützen, falls wir da unten sitzen müssen, weil Bomben uns bedrohen.

Niemand weiß, was aus dem Aufstand in Ungarn entstehen kann. Elf Jahre liegt der 2. Weltkrieg zurück, und er sitzt uns noch in den Knochen.

Später wird man sagen, in den 50er Jahren hätte man nur an Geld gedacht und nach Wohlstand gegiert. Wir aber fürchten die Unruhe in der Welt. Es gibt bereits zahlreiche Tote in Budapest.

Es ist Zeit, das Kind zu stillen. Jetzt drängen auch seine drei Geschwister ins Zimmer. Wir Alten sprechen nicht von unseren Sorgen. Wir vermeiden die Worte Krieg, Trümmer. Bomben. Hunger. Flucht.

Mein Mann, der Vater der Kinder, ist Ingenieur. Er hat hier in Bielefeld eine Arbeit in einer großen Firma gefunden. Er ist froh, wie sich alles entwickelt hat. Der Morgenthauplan hätte Deutschland in ein Agrarland verwandelt. Damit von Deutschland nie wieder Krieg ausgehen könne. Hat man erklärt.

Vor einigen Jahren wurde in einer Fachzeitschrift um Unterstützung für arbeitslose Ingenieure geworben. Das betraf vor allem Männer ab 55 Jahren. Sie wurden einfach nicht gebraucht. Jetzt aber war der Marshallplan aufgestellt worden. Die Industrie wurde danach von den USA unterstützt. Wir sollten ein starkes Land werden als Bollwerk gegen den Kommunismus.

Zwei Jahre später laufen wir alle zusammen mit Kinderwagen den langen Weg von unserer Wohnung zu dem Haus, das wir bald bewohnen werden. Wir balancieren über Bretter ins unfertige Haus. Durch das zweite Wohnungsbaugesetz (sozialer Wohnungsbau) hatten wir eine Möglichkeit gefunden, als kinderreiche Familie ein Eigenheim zu erwerben. Auch hatte sich mein Mann die Schwerbeschädigtenrente für seine Kriegsverletzungen für zehn Jahre kapitalisieren lassen. Nebenbei versuchten wir Eigenleistungen zu erbringen, um es finanziell zu schaffen.

Ich nähe und stricke für alle Kinder. Noch ist alles Selbstgemachte billiger als die Waren in den Kaufhäusern.

Wir wünschen uns, dass unsere Kinder hier fröhlich und frei aufwachsen können.

Ein Umzug 1961

Mächtige Holzkisten hocken im Keller unseres Hauses, das wir mit unseren Kindern seit drei Jahren bewohnen. Ich habe sie mühsam geöffnet. Zwischen Holzwolle lagert Geschirr aus feinem Porzellan, das ich ausbuddle und nach oben trage. Ich steige treppauf treppab im Einfamilienhaus. Auf dem Dachboden haben wir einen Schrank aufgestellt, den wir extra dafür erworben haben. Ich stelle die Teller hinein, große und kleine, für jeweils zwölf Personen. Dazu Schüsseln und Platten, und jetzt das Kaffeegeschirr mit einem geschmückten Rand mit goldenem Muster. Auch dies für zwölf Personen. Wo aber sollen die je zusammen kommen? Meine Mutter ist als Einzelperson zu uns gezogen. Jetzt liegt sie im Bett in dem Zimmer, das wir ihr überlassen haben. Zwischen meinem Treppenlaufen schaue ich ab und zu nach ihr.

Es war mühsam, erzählt sie, ich musste jeden Gegenstand aufführen. Das verlangte das Amt. Sonst hätte ich die DDR nicht mit meinen Sachen verlassen dürfen. Eine lange Liste. Stell dir vor: Jeden Löffel, jedes Buch. Und die Bilder wurden sogar noch extra geprüft, ob sie nicht zu wertvoll sind, um sie ins andere, ins westliche, Deutschland zu bringen.

Fast 75 Jahre hat meine Mutter in Leipzig gewohnt. Dora, so ist ihr wohlklingender Name, ist schon dort geboren, und sie hat nie weggewollt. Ihr Vater, der Optiker war, besaß ein Geschäft am Marktplatz, hatte es selbst aufgebaut und zu einem beliebten Unternehmen entwickelt.

Aber das ist längst vorbei. Weder ihr Vater noch das Geschäft am Markt existieren noch. Die Familie mit ihren sechs Kindern ist längst auseinander gebrochen. Dora konnte jetzt im Alter keine Unterstützung erwarten. Ihre Rente war klein, weil ihr Mann selbstständig gewesen war. Die privaten Versicherungen waren alle im neuen Staat verfallen.

Jeder kämpfte nach dem Krieg und seit dem Einzug des Kommunismus um seine eigene Existenz. Das Geschäft war ausgebombt und an anderer Stelle zum Handwerksbetrieb mit nicht mehr als zehn Angestellten erklärt worden. Das war Bedingung fürs Überleben.

Ja, jeden Topf, jede Tischdecke, sinniert Dora. Doch nun bin ich hier. Ich habe es geschafft!

Allerdings geht es ihr nicht gut. Es ist nicht nur die Erschöpfung. Sie fühlt sich krank, hat Fieber. Deshalb hat sie sich ins Bett gelegt.

Wieder laufe ich die Treppen rauf und runter. Bis es Zeit ist fürs Mittagessenkochen für sieben Personen. Wir sind sechs und die Oma dazu.

Wie kommt es, dass Dora, diese echte treue Leipzigerin, zu uns nach Bielefeld gezogen ist? Aus einer geräumigen Wohnung in zwei recht kleine Zimmer? Es gab keinen anderen Ausweg, denke ich. Aus großbürgerlichem Milieu begab sie sich in die Abhängigkeit, aber auch Fürsorge, der Tochterfamilie, die finanziell für sie bürgen musste. Eine Rente musste erst beantragt werden. Aber es wird lange dauern bis sie genehmigt ist und nicht viel sein. Sie hat es nicht mehr erlebt.

Noch lange nach Kriegsende war es für sie sehr schwirig in Leipzig zurecht zu kommen. In Briefen bittet sie um Sendung von Butter und Kaffee. Vor allem um Butter. Schon vier Tage hat sie trockenes Brot gegessen. Nach einer Stunde anstellen, hat sie dann doch mal ein viertel Pfund Butter ergattert. Aber das Stehen fällt ihr schwer. Nach einer Krebsoperation ist sie noch immer geschwächt. Jetzt gab ihr eine der Schwestern mal ein viertel Pfund Butter ab. Schreibt sie.

Im August die Schreckensnachricht! Eine Mauer wird zwischen dem östlichen und dem westlichen Teil Deutschlands errichtet. Es ist das Jahr 1961! Es ist, als rücke plötzlich meine Heimatstadt Leipzig in große Ferne. Alles hinter der Grenze scheint mir wie weggesperrt. Meine Kindheit fällt in sich zusammen. Wie gut, dass Dora zu uns gekommen ist und ihre letzten zwei Lebensjahre hier verbringen kann.

Gäste

Wir wohnen schon einige Jahre im neuen Haus, da liegt eines Tages ein Brief mit unbekannter Handschrift im Briefkasten. Ich wende ihn hin und her. Doch der Absender löst keine Erinnerung in mir aus. „Chicago", entziffern wir. Auch „Paul" und „Sharon". Ich reiße den Umschlag auf, lese in englisch. Sharon stellt sich vor, sie erklärt, dass sie die Enkelin von Alma ist.

Alma ist eine gute Empfehlung, vielleicht sogar eine verpflichtende. Sie hat uns nach dem Krieg Päckchen nach Hannover geschickt. Sie hatte erfahren, dass bei uns alles knapp ist. Als wir unser Kind erwarteten, kamen aus den USA von Alma Windeln, Penatencreme, später leckerer Früchtekuchen. Ihre Briefe allerdings enthielten wenig mehr als Grüße, erzählten nur von Betty, ihrer Schwester, und den Kindern und Enkeln. Wir in Bielefeld malten verzweifelt Ahnentafeln auf große Bögen, suchten Zusammenhänge zu andern Verwandten.

Frage doch deine Mutter, schlug ich schließlich meinem Mann vor, denn seine Mutter kam aus Mitteldeutschland.

Im Harz hatten sie gelebt, die Verwandten. Almas Vater war irgendwann in den 20er Jahren mit seiner ganzen Familie ausgewandert. Almas Mann kämpfte im 2. Weltkrieg auf der anderen Seite des Ozeans. Er ist mit einem amerikanischen U-Boot durch deutsches Militär umgekommen. Brieflich blieb Alma wortkarg.

Sharon schreibt, sie kämen im April nach Deutschland und wollten uns kennenlernen.

Sie fragt nach einem kinderfreundlichen Hotel. Auf einem Foto stellt sie die Familie vor. Peter im modischen Sommeranzug, Gentleman schon mit sechs. Taylor, erst drei, lächelt bereits gekonnt zwischen hellen Locken hervor. Sie gleicht fast der Mutter, Sharon, die trägt ein Porzellangesicht, zart, ein bisschen unirdisch schön. Der Papa querköpfig, Mund breit gezogen, die Nasenlöcher weit, in den Augen nüchterne Freundlichkeit, in ihnen steht: Ich möchte Erfolg.

Eine schöne Familie. Wir werden sie beherbergen. Unser Haus war immer ein Kinderhaus. Wir antworten auf ihren Brief, auch mit Fotos von Eltern und Kindern. Schließlich haben wir auch etwas zu bieten. Kommt! Wir freuen uns. Wir haben Platz für euch!

Ja, und dann ist da noch Meridith, die jüngste, gerade acht Monate alt, gesteht Sharon.

Wir bereiten alles vor. Pünktlich am Sonntag Mittag kommen sie an. Wir waren gefasst auf zarte Kinder im eleganten Look. Doch was da aus dem Auto purzelt sind ganz normale fröhliche Kinder in Jeans und Pullis und Jacken, mit Neugier und Müdigkeit.

Herzliche Umarmung. Dann das Gepäck. Es dauert nicht lange, so ist unser ganzes Haus von oben bis unten von unseren Gästen belegt. Unterm Dach das Zimmer für die Kinder. Peter fragt sofort nach dem cellar. Wie bitte? Wo ist der Keller? Er will basteln. In der ersten Etage die Betten für die Eltern. Im Erdgeschoss, neben dem Schreibtisch meines Mannes, wird ein riesiger Koffer mit Gläschen mit Babynahrung abgestellt. Er ist zu schwer, um ihn nach oben zu schleppen. Soll reichen für einige Monate in Europa. Wer konnte wissen, ob es hier ordentliche Kindernahrung gibt. Daneben das Laufgitter für Meridith.

Wir hatten geglaubt, verwöhnten Kindern aus den USA nichts bieten zu können. Doch als mein Mann am nächsten Morgen Brötchen holen geht, begleitet ihn Peter. Begeistert kommt er zurück. Ein richtiger Laden! Und der Bäcker hat ihn gefragt, wie er heißt und woher er denn komme. Der Fleischer gegenüber, auch das ein Einzelhandelsgeschäft, reichte ihm eine Scheibe Wurst. Das kennt er nicht. Nein, es war kein Supermarkt. Auch einen Schuster haben sie aufgesucht. Der fragte ihn sogar auf Englisch, wie es ihm hier gefalle. Das hat er noch nie erlebt in seinem Land.

Inzwischen rückt Taylor in der Küche den Stufenhocker an den Tisch, besteigt ihn und beobachtet von oben herab, was ich zubereite. Wie ich Mehl abwiege, Zucker abmesse, eine Tüte mit Vanillezucker öffne. Und vom Kärbär erzählt sie.

Ich kann nicht allzu viel Englisch, darum frage ich, was ein Kärbär sei. Vielleicht eine besondere Rasse.

Es dauert, bis ich begreife, sie redet von einem Carebär. Ein Bilderbuch vermittelt die Anschauung. Sie liebt ihn. Ein Bär, der immer Gutes tut.

Wir zeigen der Familie die Stadt, sind stolz auf unsere Burg auf leichter Anhöhe. Sie dachten, Burgen gibt es nur am Rhein. Was wir ihnen auch zeigen, wir können sicher sein, sie bemerken einstimmig: Wonderful! Really wonderful!

Und wenn wir aus dem Auto steigen, tönt Peter jedes mal deutlich: Thank you for your driving.

Drei Tage später winken wir zum Abschied hinter dem Auto her.

Als ich zum nun verlassenen Haus zurückgehe, atme ich auf. Geschafft. Es war schön. Doch jetzt kommt das große Aufräumen und Saubermachen. Danach beginnt der wünschenswerte Alltag wieder.

Doch erstaunt nehme ich wahr, alles ist sauber. Das Haus ist völlig aufgeräumt und keineswegs schmutzig. Wie die Heinzelmännchen haben sie gewirkt.

Wonderful! Rufe nun auch ich, wonderful!

Ich kann mich bis heute wundern.

Wir sollen sie auch bald besuchen, haben sie zuletzt noch gerufen.

Die Welt ist für uns weiter geworden nach dem Krieg.

Kahlschlag

Gott ist tot

Eines Tages lese ich auf einem Buch: Gott ist tot.

Gerade hatte ich mich entschlossen auf den Weg gemacht, um Gott zu finden. Da hieß es, da stand, ich schickte meine Augen immer wieder ins Schaufenster dieser Buchhandlung, da lese ich, ganz deutlich: Gott ist tot.

Ich war überzeugt, dass ein Atheist sich da mit seinen Ansichten ausgetobt hatte und massive Proteste von Christen kommen würden, aber ich irrte mich.

Wie konnte ich mich diesem Gott nähern, wenn er tot gesagt war? Wie konnte er sich das gefallen lassen? Ging nicht ein Aufschrei durch die Zeitungen? Aber nein, das Buch lag in aller Gelassenheit da, niemand zerschmetterte die Schaufensterscheibe.

Zwar hatte Nietzsche als erster behauptet, dass Gott tot sei. Aber jetzt war es die Theologin Dorothee Sölle, die dieses Wort aufgenommen hatte. Allerdings in einem anderen Sinn. Aber das wusste ich damals noch nicht.

Wer lenkt die Welt? Wer wirklich? Hitler war gescheitert, hatte noch die Vorsehung in Anspruch genommen, wenn er sie gebrauchen konnte. Aber diese hatte nicht vorgesehen, sein brutales Morden weiterhin zu dulden. Warum hatte sie es überhaupt geduldet? Warum war nicht eher Feuer auf die Machtgierigen herabgeregnet?

Wieso kam diese Frage jetzt in mein Bewusstsein? Oder hatte die Frage nach Schicksal und Gott schon lange in mir gesteckt?

Anfänge

Angefangen hatte alles mit einem kleinen quadratischen Buch. Auf jeden Fall ist ein Bild in einer Bilderbibel meine erste wirkliche Erinnerung an biblische Erzählungen. Noch deutlich vor meinen Augen: zwei Steintische. Opferaltäre.

Auf einem liegen lange Getreidehalme, auf dem anderen braten Fleischstücke. Bei einem geht der Rauch nach unten, beim anderen nach oben, was bedeutet, dass dieses Opfer von Gott angenommen ist.

Kein Bild ist mir noch so fest in Erinnerung wie dieses. Nicht nur in meinem eigenen Gedächtnis ist das Bild und die Geschichte dazu verankert, sondern über Jahrtausende haben sich die Namen der beiden Männer erhalten, die neben diesen Altären hocken: Abel und Kain.

Warum aber hat sich mir gerade dieses Bild so eingeprägt? Nicht die Schöpfungsgeschichte mit den vielen Tieren? Nicht Eva, die in den Apfel beißt? Allenfalls der Engel mit dem Schwert, der sie aus dem Paradies vertreibt.

Aber nun ist im Gedächtnis der, der seinen Bruder erschlug. Er steht fast am Anfang der Menschheitsgeschichte und gilt seitdem als der schlechthin Böse. Ich aber frage: War seine Sehnsucht nach Liebe so groß, dass er es nicht ertrug, abgewiesen zu werden?

Es hätte ihm ja auch gleichgültig sein können.

Jahrzehnte später

Eine geglättete Fläche liegt vor mir. Unbebaute Erde. Nichts abgemessen oder gekennzeichnet. Kein Hinweis, was wird oder auf das, was war. Wer nicht weiß, sieht ungenutztes Land am Abhang des Teutoburger Waldes.

Ein Mann kommt auf mich zu. Seit wann? Sagt er sichtlich irritiert. Ich wurde hier konfirmiert.

In dieser Kirche? Frage ich, obwohl nur Leere vor uns gähnt.

Hier? Sie vermissen die Kirche? Vor zwei Wochen gab es sie noch. Ich bin auch erstaunt. So gar keine Spur mehr.

Kahlschlag. Denke ich, und sehe das Nichts, wo früher Musik erklang. Wo Menschen sich trafen. Niemand hat den Abriss gestoppt.

Einen Schaukasten finde ich am Weg unten. Auch da kein Hinweis auf Verlust, auf Abriss. Keine Trauer. Kein Gedenken. Irgendwo anders geht jetzt irgendwas weiter. Nicht die Musik. Nicht die Sonntagsspaziergänge durch den Botanischen Garten mit anschließendem Konzert. Zeichen von Trauer hätten mich ein wenig trösten können. Ich hätte mich nicht so allein gefühlt mit meinem Erschrecken.

Der Mann ist längst mit einem Schulterzucken weiter gegangen. Er will kein Gespräch. Es ist vorbei, was war. Auch er erlaubt sich kein Zeichen der Trauer.

Schöpfungsklänge

Schöpfungsklänge – die Stimmen erheben sich, im Altarraum stehen die Sänger. Doch ihr Jubel über die geschaffene Welt, geht in Klagen über. Ich sitze unter den Zuhörern, aber bin nicht gut im Hören. Meine Ohren streiken und verfremden vieles. Aber das höre ich!

Wir – Gottes Wagnis – zum Schrecken der Schöpfung sind wir geworden. Der Gesang zählt auf, wie Menschen die Erde zerstören, statt sie zu achten und zu bewahren. Das dringt in mich ein. Macht mich ratlos, betrifft mich, die ich hier lebe im Wohlstand.

Von Vernichtung der Regenwälder ist die Rede und Sklavenarbeit, Schadstoffen und Landminen. Ein modernes Schöpfungsoratorium (von Matthias Drude). Der Chor ruft lautstark: Lasst uns den falschen Weg verlassen.

Plötzlich fällt mir ein: Da ist doch dieser Geselle in unseren Garten eingedrungen, hat unseren Rasen verschandelt, mitten ins Grün kleine Erdhügel gesetzt und lässt sich nicht vertreiben. Wir versuchten es mit Duftstoffen, die er angeblich nicht mag, mit Klängen, die ihn ängstigen sollten. Aber unser Maulwurf lacht wohl über unsere Bemühungen und gräbt fröhlich gerade an diesen Stellen weiter. Da kommen schon mal Mordgedanken in mir auf. Aber vergiften dürfen wir ihn nicht. Er ist geschützt.

Schöpfungsklänge dringen lautstark in mein Ohr. Wer bin ich, dass ich Anstoß nehme an diesem kleinen Tier? Ist mein gepflegter Rasen so viel wichtiger als sein Leben? Von jetzt an werde ich ihn als meinen Freund betrachten. Mitgeschöpf. Der sogar nützlich ist, weil er Schneckenlarven frisst.

Wir – Gottes Wagnis. Jetzt entdecke ich, dass mein Maulwurf in größeren Zusammenhängen steht.

Der Raum

Glastüren schieben sich auseinander, um mich einzulassen. Wenige Schritte weiter höre ich unerwartete Geräusche. Ich komme aus klirrender Kälte, die alles erstarren ließ, und finde hier: Eine bizarre Felswand, aus der ein munterer Wasserfall in einen Teich hinunter stürzt. Eine künstliche Welt, die ich mit gemischten Gefühlen betrachte.

In diesem Gebäudekomplex, großzügig angelegt, sind etwa sechshundert Menschen untergebracht, die hier gesund werden sollen.

Alles ist trefflich organisiert. Alles funktioniert mit Freundlichkeit. Alles scheint dennoch anonym. Ich will es durchstehen. Der Aufenthalt soll mir helfen, wieder besser gehen zu können.

Ich studiere im Haus die Wegweiser, laufe durch die langen Gänge, schwimme, turne, laufe und laufe. Dabei entdecke ich, dass es in diesem nüchtern funktionierenden Haus einen besonderen Raum gibt, nennt sich: Raum der Stille. Die Tür ist angelehnt. Ich betrete den Raum, bin allein, setze mich auf einen der zwanzig Stühle, betrachte den einfachen Altar mit den Leuchtern, fühle mich plötzlich als Mensch angesprochen und atme auf.

Am Abend treffen sich hier Gäste zur Andacht. Nie sind alle Stühle besetzt, obwohl das Haus total ausgebucht ist. Ich weiß die Worte nicht mehr, die gesprochen werden, es sind kaum Gesichter in meiner Erinnerung. Geblieben ist ein Gefühl von Geborgenheit.

Ich entdecke noch einen besonderen Ort. Oben, im erweiterten Korridor, steht starr und verloren ein riesiger quadratischer Tisch, von bequemen Stühlen umrahmt. Ein Mal in der Woche belebt sich die Szene. Einladung zur Plauderstunde.

Einige Gesichter sind mir nun schon bekannt. Kurzer Wortwechsel. Und dann kommt die junge Frau, ich weiß nicht, ob mit langsamen Schritten, weiß nicht, wie sie gekleidet war, sehe dennoch sehr deutlich ihre Gestalt vor mir. Sie wirkt abwesend und fremd. Ich hätte sie so gern angesprochen, aber der Versuch scheitert, ehe er recht beginnt. Sie verkörpert unendliche Traurigkeit.

Die Erinnerung gibt keine Einzelheiten wieder. Geblieben ist das eindrucksvolle Bild einer Gruppe von Menschen, die nach Gott fragen oder die sich wenigstens hingezogen fühlen zu Menschen, für die Gott ein Thema sein könnte.

Im Weltgerangel welch ein Raum! Es ist, als hätte jemand in die banal funktionierende Gesellschaft Inseln der Hoffnung gestreut.

Wiedersehen mit einer Stadt – Leipzig

Wiedersehen 1990

Am Bahnsteig entgleist die Zeit. Vergangenheit packt mich mit voller Wucht. Dennoch trotte ich scheinbar gelassen am Zug entlang hinunter zur Bahnhofshalle. Früher gab es hier eine Sperre. Jetzt ist alles zugänglich und offen. Meine Erwartung kann das Grau nicht einfärben. Aber die Erinnerung hat Pause. Wir liegen uns in den Armen. Meine Verwandte hat ihren Sohn mitgebracht. Ich sehe ihn zum ersten Mal, obwohl er schon zweiundzwanzig ist.

Drüben hockt noch immer der Abschied auf dem Bahnsteig. Im Februar 1945 wurde er hier in Leipzig verdrängt durch das Warten auf Heimkehrer von der Front. Aber nur Frauen mit Kindern, Taschen, Kopftüchern und Federbetten steigen aus dem Zug, der aus dem Osten kommt. Wir nehmen ihre Betten, tragen Kinder. Die Frauen reden von Erfrierungen. Wir führen sie unter Sirenengeheul aus dem Bahnhof heraus in den Bunker unter den Straßenbahngleisen. Wir teilen Essen aus.

Später stehen wir vergeblich auf dem Bahnsteig. Der erwartete Zug aus Dresden trifft nicht ein. Ein auf Umwegen angereister Soldat erklärt entsetzt mit einer Stimme, als könne er es selbst nicht glauben: Ganz Dresden steht in Flammen.

Die Wunderwaffe sollte alles noch retten. Wir fürchteten, dass wir an sie glauben müssten. Es war schon genug geschehen. Damals, als ich zweiundzwanzig war.

Jetzt, ein Jahr nach der Wende, hat es mich fast magisch hierher gezogen. Dennoch bin ich nicht in meiner Vergangenheit angekommen. Den Sachsenplatz sehe ich zum ersten Mal. Hohe Stadthäuser bildeten hier früher düstere Straßen mit Handel und Wandelnden. Statt Läden und Herbergen jetzt Verkaufsstände. Statt Pelzen und Moden verkauft man Brötchen aus Hamburg direkt vom Lastwagen herunter. Eine Schlange von Menschen hat sich gebildet. Es gibt auch Wurst aus dem Schwarzwald. Blumenbeete zieren den Platz.

An den Häuserreihen drüben sind die Fassaden und Portale renoviert. Auch die DDR wollte manches bewahren.

Später überquere ich den großen Platz mit meinen Erinnerungen an seine Bildungseinrichtungen: Museum, Theater, Universität, Universitätskirche. August von Sachsen hat sich verdient gemacht, auch seinen Namen für den Platz gegeben. Wie nach ihm Marx.

Von Museum keine Spur mehr. Von der Universitätskirche keine Andeutung. Von der alten Universität nur ein Tor. Das steht unmittelbar unsinnig allein. Niemand geht hindurch. Es schließt nichts ab und geht nicht zu schließen. Schinkel hat es entworfen. Es trägt Verzierungen.

Das Museum hat sich zauberhaft in das weitbekannte Gewandhaus verwandelt. Allerdings werden dort keine Gewänder verkauft, sondern es finden Konzerte statt. An anderer Stelle war es zerbombt worden.

MACHT UND BANAL buchstabiere ich, als ich mich dem großen Gebäude am Ring, der die Altstadt umschließt, nähere. Ein Transparent aus Tuch hängt weit aufgespreizt über dem Fenster im dritten Stock. Ein gelber Fleck im Grau, aus dem das Wort STASI herausfällt. Ich stehe vor der „Runden Ecke". Jetzt endlich kann ich das Transparent ganz lesen: MACHT UND BANALITÄT – INDIZIEN DER GEWALT.

Abgerundete Stufen führen zum Eingang. Decken und Kartons liegen umher. Ein Hungerstreik wurde gerade abgebrochen.

Das Grauen, das ich empfinde, kommt nicht vom Grau. In Augenhöhe lese ich: NIE WIEDER ENTMÜNDIGUNG.
 Eine Ausstellung lädt ein. Postsendungen wurden vom Briefkasten direkt zur Stasi befördert. Ausgeschüttete Herzen, eingeklagter Trennungsschmerz, Pläne für die Zukunft, alles durchleuchtet. Der Aufsatz einer Schülerin liegt vor mir. Er landete nicht folgenlos bei der Stasi. In einem Gefäß mit Geruchsproben ein Stück Mantel. Hunde wurden auf den Klassenfeind angesetzt.

Neun Kilometer Stasiakten lagern im Keller. Jeder vierte Einwohner Leipzigs kann sich darin wiederfinden. Als Täter oder als Opfer.
 Ein Kilometer enthält etwa zehntausend einzelne Blätter. Ausgewählte Leute wühlen sich durch die Papierberge.

Für den Tag der Einheit werden in einem Restaurant zwei dreigängige Menüs angeboten. Wildschweinbraten und Kalbsschnitzel. 13,90 DM. Mit einem freien Getränk dazu will man in die Marktwettbewerbswirtschaft hineinspringen.
 Andererseits ist aus Anlass der Jahresfeier an Säulen im Hof der Universität eine Einladung zur Trauerfeier angezettelt.

Die Aufgeräumtheit der Innenstadt gibt meiner Erinnerung Brüche. Das ist nicht mehr meine erinnerte Stadt. Doch gerade wie ich das denke, ist da ein Erker. Wie damals. Eine Häuserzeile. Noch erhalten.

Ich betrete die Thomaskirche. Von der Empore kommt Gesang herunter. Da stehen die Thomaner in ihren dunkelblauen Anzügen, auf dem Kragen drei weiße Streifen. Eintausendfünfhundert verwundete Soldaten haben einst in dieser Kirche gelegen, damals vor noch ferneren Zeiten. Der Dirigent beschwört mit waagerechten Handbewegungen die Töne zur Stille.

In St. Nikolai ist die Sakristei mit Transparenten vom letzten Herbst behangen: WO BLEIBT DER AUFRECHTE GANG? lese ich. Ich buchstabiere weiter: FREIHEIT – SELBSTBESTIMMUNG – MENSCHENRECHTE.
 Menschen bewegen sich in konzentrierter Ruhe unter diesen Worten durch den Raum.
 Ein Gedicht von Günther Eich ist an einer der Säulen von St. Nikolai befestigt. Wir waren nicht Sand im Getriebe.

Am Bahnhof – später – verspricht mir meine Verwandte durchs Zugfenster, dass sie uns bald besuchen wird. Es ist alles ganz einfach jetzt. Es sieht alles ganz einfach aus.

Früher brauchten wir zwei Bahnhöfe in unserer Stadt. Deshalb sind noch jetzt zwei Bahnhofshallen da. Die eine war sächsisch. Die andere preußisch. Erklärt meine Verwandte. Aber da rollt der Zug schon. Grüße deinen Sohn, schreie ich noch. Meine Hand streift nahe an einem Pfeiler vorbei. Ich ziehe sie erschrocken zurück. Die Erinnerungen verfließen. Viele haben sich als überraschend haltbar erwiesen.

Rackwitz

Einige Jahre nach der Wende empfing mich meine Schulkameradin Andrea im Hauptbahnhof von Leipzig, der gerade neu renoviert worden ist. Ich hatte eine Stunde Zeit, ehe mein Zug nach Rackwitz fuhr.

Vom Querbahnsteig schauten wir zwei Etagen abwärts. Dort trubelten die neuen Einkaufsstraßen, Geschäfte neben Cafés und Eisläden.
Unsere Unterhaltung lief mühsam zwischen all dem Lärm da unten, wohin wir uns begeben hatten. Andrea amüsierte sich immer wieder darüber, dass ich nach Rackwitz wollte. Du kommst zur Buchmesse und willst in Rackwitz übernachten. Schon meine Freundin Heidi hatte skeptisch reagiert. Rackwitz? Da haben wir früher die Hunde ausgeführt und laufen lassen. Da gibt es nichts als ein paar Bauernhöfe. Da hat man dir ein Zimmer reserviert?
Ich lobte und verteidigte die Aussicht auf ein reserviertes Zimmer, auch solle es in Richtung Messe liegen.

Die Regionalbahn trug mich nach Rackwitz. Andrea war in der Stadt zurückgeblieben. Morgen würden wir uns auf der Messe am Stand des Landesverbandes Nordrhein-Westfalen treffen, wo ich aus meinem neuesten Buch lesen sollte.
Wenige Menschen im Zug. Wir hielten bei der Messe. Allerdings war weit und breit kein Gebäude zu sehen. Aber Morgen würde man mich mit dem Shuttle von Rackwitz hierher bringen. So hatte es in der Einladung gestanden. Morgen würde ich die Bahn nicht brauchen.

Haltestelle Rackwitz. Nur zwei Menschen außer mir stiegen

aus, liefen rasch nach vorn, überquerten die Gleise, während ich mich noch drehte und wendete, um zu schauen, wo ich war. Der Bahnhof lag einsam. Ob ich hier oder drüben nach dem Hotel suchen muss? Der beigelegte Plan deutete eher auf eine Überquerung der Gleise. Inzwischen hatten sich allerdings die Schranken geschlossen, mein Zug fuhr vorüber. Deshalb also die Eile der Mitreisenden.

Drüben herrschte einsame Ruhe. Kein Mensch auf der Straße, die einer Stadtstraße nicht ähnlich sah. Keine gleichmäßige Bebauung.

Ich verglich die Linien auf dem Plan mit der Realität, hoffte, dass ich sie richtig deutete. Eine Siedlung tauchte auf. Kein Hotel. Und der Ort war schon zu Ende.

Das Hotel befand sich in einem gewöhnlichen Haus, umstrukturiert. Für mich war eine ganze Wohnung reserviert mit Schlafzimmer, Bad, Küche und Wohnzimmer mit Nierentisch. Aber ich war nicht müde, sondern hatte Hunger.

Kein Restaurant in der Nähe, erfuhr ich von der Frau des Hauses, die, wie ich spät am Abend erfuhr, wie ich aus dem Westen kam, und sich hier eine neue Existenz aufbauen wollte.

Im Nachbarort ist ein Gasthaus, erklärte sie schließlich.

Aber wie komme ich da hin?

Schließlich bot die Wirtin mir an, mich hinzufahren und auch wieder abzuholen. Das nahm ich gerne an, fühlte mich etwas wunderlich, ausgesetzt im ländlichen Sachsen.

Es war inzwischen dunkel geworden. Wo fuhren wir hin?

In dem alten Gasthaus, vor dem wir hielten, herrschte lebhafter Betrieb an diesem Samstag Abend. Mir wurde ein Tisch am Rand des Raumes für mich ganz allein zugewiesen. Trotzdem fühlte ich mich aufgenommen in die Gemeinschaft der Anwesenden. Als ich die Gaststätte betrat, hatte niemand zu mir hingesehen, und doch war ich sicher, dass ich aufgefallen war. Aber das hieß nicht Spießrutenlaufen, sondern beachtet zu werden. An den anderen Tischen saßen die Menschen in Gruppen und genossen als Familie den Abend. Es ging heiter zu, nicht lärmend.

Im Nebenraum entdeckte ich Menschen an langen Tafeln mit weißen Tischdecken und hellen Gläsern. Da wurde wohl gefeiert. In einem weiteren großen Saal bedienten sich die Gäste an Schlachteplatten. Hier, in der Nähe der Theke, wo ich mich befand, saßen die Familien: Männer, Frauen und Kinder. Als sei die Welt völlig in Ordnung.

Nur ich saß allein. Ich hatte der Bedienung längst erklärt, wieso ich hierher gekommen war. Ich hatte das einfach für erforderlich gehalten. Niemand sonst kam allein, kein Mann und schon gar nicht eine Frau. Auch schienen alle miteinander bekannt zu sein.

Ich bekam rechtzeitig mein Essen, sodass ich fertig war, als mich die Hotelwirtin abholen wollte. Erst am nächsten Morgen beim Frühstück traf ich Kollegen aus Bielefeld, die auch auf der Messe lesen sollten. Wir wurden im Auto zum Messegelände gebracht. Alles war neu und weitläufig und hell. Und voller Leben und Trubel. Und Bücher.

Der beblätterte Park

Am nächsten Tag habe ich den Park besucht, Schillerhain genannt. Um mich rieselnde raschelnde rotgefleckte Blätter.

Ich war nicht darauf gefasst. Immer hatte ich mir den Park geordnet vorgestellt. Mit deutlich abgegrenzten Wegen, die Plätze von niedrigem Eisengitter umzäunt. Ich hatte die Blätter vergessen. Der Herbst des Jahres 1999 rief sie mir zurück.

Wie viele Herbstzeiten sind seit meiner Kindheit vergangen. Ich suche mein Haus, das Haus, in dem ich geboren bin und von dem aus ich in die Welt hinein wuchs. Der Park hält mich auf. Wer wird mir glauben, dass er noch die alten Bäume für mich bereit hält?

Ich kann es nicht beweisen. Die Plätze unserer Spiele haben ihre alte Form verloren. Bälle haben wir hier mit ganzer Kraft auf die Erde gestoßen, damit sie springen sollten, wohin es uns gefiel. Du kannst es besser. Aber nein, ich kann es auch.

Blätter rieseln vor meinen Augen, auf meine Jacke, rascheln unter meinen Füßen, mein Blick hängt am Baum, schwebt blättrig hinab. Der Park trägt einen Dichternamen. Schiller wohnte nicht weit von hier. Man sagt, er schrieb hier das Lied an die Freude. Aber sicher ist nichts in diesen Tagen.

Ich bin aus der Straßenbahn mit der Nummer Sechs gestiegen, so wie ich vor 60 Jahren täglich ausgestiegen bin. Ich habe den Park nicht links liegen gelassen, sondern ihn betreten. Dennoch werde ich, wenn jemand will, dass ich ihn beschreibe, ablehnen müssen. Weil die Worte zu gewöhnlich sind. Weil Baum, Bank, Strauch, Weg, Papierkorb überall zu finden sind, wo Parks in Großstädte verflochten sind. Für mich aber war dieser Park etwas Besonderes.

Ich suche die Brücke, erwarte rasches fließendes Wasser darunter. Aber träge und schlammig füllt die Parthe ihr Bett. Ob sie stinkt wie damals, darauf achte ich nicht. Das schwarzgrüne Gewässer strömt im Bogen aus dem Walddunkel heraus, unterquert die kleine Brücke, die Park und Wiese miteinander verbindet, ehe es die Brücke für Straßenbahn und Autos durchfließt. Blätter zeigen die Geschwindigkeit des Wasserlaufs, sie neigen nicht zum Untergehen. Die Tiefe bleibt verschlossen, dunkel ist die Tiefe, undurchsichtig. Geheimnisse raunen unter der Bewegung.

Am anderen Ufer ruht eine tiefergelegene Wiese, damals Kuhwiese von uns genannt, weil dort Kühe grasten. Ganz nah ist die Stadt, und doch habe ich hier kuhwarme Milch getrunken. Mein Vater ging mit mir hierher, deshalb gab ich vor, die Milch zu mögen, obwohl ich noch immer nicht weiß, ob sie mir nicht einen leichten Ekel einflößte.

Ich kehre auf der Brücke um, durchstoße mit meinen Füßen das raschelnde Laub auf den Wegen meiner Erinnerung.

Ein Baum im Park hatte für mich eine besondere Bedeutung. Er stand auf einer Wiese, an einem Weg am Ufer, das steil abfiel. Doch der Baum fiel nicht, er stand, stand an allen Seiten frei zugänglich, sodass ich ihn umrunden konnte.

Der Baum war ein vereinzelter Baum. Er hatte keinen Namen, weil er keinen Namen brauchte, weil er nicht gerufen werden musste, weil er stand, wo er stand.

Er war ja ein Baum. Er stand etwas abseits, auf hohem Stamm, sodass ich mich anlehnen konnte, um dem stinkigen Fluss zuzusehen, der faulige Blätter trug.

Dieser Baum weiß mehr von mir als alle Menschen, mit denen ich damals lebte. Wenn mein Kummer groß war, lief ich durch den Park, umarmte den Stamm, grub meine Finger in seine Rinde. Ich habe den Stamm gefühlt, in seine Rinde gekratzt, als ob damit etwas gemildert werden könnte. Ich wollte mildern, was ich nicht aushielt. Ich wollte Verlust mildern. Der Krieg hatte zugeschlagen, meine erste junge Liebe zerrissen. Der Krieg war zwar zu Ende, aber erst jetzt erreichte mich die Nachricht der Mutter meines liebsten Menschen, die mitteilte: Der Sohn ist vermisst, vermisst in Rumänien. Das klang nach endgültigem Abschied. Ich krallte meine Finger in die Rinde des Baumes, der Stamm zog seine Kraft aus der Wurzel, ich aus dem Stamm.

Damals klang von weit drüben aus der Kaserne wehmütiger russischer Gesang zu mir herüber. Ich horchte ganz verloren auf die sehnsüchtigen Melodien. Ich mochte nicht nach Hause gehen. Ich fürchtete die heimelige Lampe über dem Tisch, fürchtete den gedeckten Abendtisch, fürchtete Behaglichkeit trotz verlorener Söhne, fürchtete Fragen meiner Eltern, ihre Blicke in mein vertrautes Gesicht. Der Baum hatte kein Warum, der Baum stand.

Der Baum steht noch immer. Jetzt, als ich wiederkam, suchte ich den Baum. Die Pleiße floss, stank, trug Blätter wie damals. Nur es schien, als sei der Baum näher an den Abgrund gerutscht.

Buchmesse (In der Orgel) 2003

Die Thomaskirche mit dem Thomanerchor ist mir von Kindheit an vertraut. Die Motette war immer wieder ein Anziehungspunkt in meinem Leben.

St. Nikolai dagegen fiel erst im Wendejahr richtig in meinen Blick.

Von St. Peter hatte ich noch nie gehört. Ich las im Programm der Buchmesse, dass dort „in der Orgel" eine Lesung sei. Patrick Roth war als Autor angesagt.

Patrick Roth kannte ich von einer CD, auf der er die großartige Novelle von Johann Peter Hebel „Unverhofftes Wiedersehen" kommentierend liest und zwar bei einer Fahrt mit einem klapprigen Auto über die Highways bei Los Angelos.

Unbedingt wollte ich nun zu St. Peter, denn Ausdruck und Klang seiner Sprache hatten mich bewegt. Etwas abseits der Leipziger Innenstadt finde ich die Kirche, entdecke schließlich den Zugang zu einer Wendeltreppe. Tatsächlich befindet sich ein kleiner Raum, wenn auch nicht in, so doch hinter der Orgel mit einem Fenster nach draußen, das zu dieser Tageszeit allerdings kein Licht hereinlässt.

Hier also liest Patrick Roth, der aus dem südlichen Schwarzwald stammt, aber seit vielen Jahren in Los Angeles lebt: Magdalena am Grab.

Die Stimme des Autors ist vom Amerikanischen geprägt. Zugleich strahlt sie seltsam Geheimnisvolles aus und zieht dadurch die zahlreichen Zuhörer tief hinein in seine Welt. Amerikanische Studierende nehmen Schauspielunterricht und proben ein Stück. Das ist der Inhalt seines Buches, das er hier im Rahmen der Leipziger Buchmesse vorstellt.

Ostern. Magdalena starrt weinend ins leere Grab. Patrick Roth beschreibt mit großer Genauigkeit, lässt die Spannung der Übungssituation spüren. Nur Monica, eine Unbekannte für die anderen Spieler, die im Stück die Magdalena spielen soll, ist zum vereinbarten Termin gekommen.

Die Luft ist voller Geheimnis. Undurchschaubare Gefahr lauert in der leer stehenden Villa, die ihr Treffpunkt ist. Beide, der Erzähler und Monica, sind erregt, erleben beim Proben hautnah das Erscheinen des Gärtners, in dem Magdalena nicht sofort Jesus erkennt.

Zuwendung und einander Erkennen geschehen und beenden die Probe. Ein Geheimnis bleibt, ist Inhalt des Textes, spielt sich auch in der Begegnung der beiden Menschen ab. Ein Text, der nachdenklich macht. Die Zuhörer danken mit viel Applaus.

Ich laufe danach durch die dunklen Straßen von Leipzig. Aus dem Thüringer Hof trifft Stimmengewirr an mein Ohr. Vereinzelte Gestalten bewegen sich wie Schatten, zielstrebig ohne anzuhalten. Das Hotel ist nicht weit. Manchmal geschieht also etwas, nur weil sich Menschen umwenden, wie Magdalena es tut und auch Jesus. Im Hotel werde ich freundlich begrüßt. Die Bilder der Geschichte lassen mich lange nicht los. Sie beschwören in mir immer wieder eine Grenzsituation, geheimnisvoll wie der Raum „in der Orgel" mitten in unserer Stadt und die Stimme des Autors.

Eine Stadt lädt ein (2007)

Menschen klagen, dass wir keinen Winter mehr haben. Aber Leipzig zeigt sich in Weiß. Pünktlich – ob erwünscht oder nicht – zu Beginn der Buchmesse ist der Schnee herunter gekommen. Wir haben uns am Bahnhof getroffen, stapfen durch Matsch, erst ins Café. Dort werden wir Pläne schmieden für die nächsten Tage. Meine Enkelin ist zum ersten Mal in dieser Stadt. Das Café nimmt uns in seine anheimelnde Gemütlichkeit hinein. Leipziger haben keine Hemmungen, sich zu anderen an den Tisch zu setzen. Eine sächsische Kartoffelsuppe wärmt uns auf, als verspätetes Mittagessen.

Später betreten wir Specks Hof. Die Passage hält den Schnee von uns fern und ist eine Besonderheit. Ich bin aufgewachsen in dieser Stadt. Doch heute sehe ich alles mit neuen Augen durch das Interesse der jungen Frau, meiner Enkelin, die neben mir geht. Diesmal ist es aber auch ganz besonders „meine Stadt", weil ich sie ja vorstellen will.

Ich bin stolz auf die Passage, die schon vor 1900 gebaut wurde, auf die kräftigen Fresken an den Wänden und die gerundeten Decken. Beim Verlassen finden wir uns überraschend genau dem geöffneten Portal von St. Nicolai gegenüber und fühlen uns eingeladen.

„Kirche und Demonstration" – steht groß darüber. Meine Enkelin hat die kritischen Tage 1989 nicht miterlebt. Da war sie erst fünf Jahre alt und lebte in Hamburg, wie jetzt auch.

Wieso begann die Demonstration in der Kirche?

Das war seit dem Nato-Doppelbeschluss, als an der Grenze zwischen Ost und West Raketen stationiert wurden. Niemand wollte doch einen Krieg zwischen Deutschen. So versammelten sich hier Menschen, um für Abrüstung und Friedenssicherung zu beten. Nur in der Kirche war das in der DDR möglich. Sie war eine Art Zufluchtsstätte. Du hast sicher von dem Aufruf „Waffen zu Pflugscharen" gehört?

So genau hat sich das meine Enkelin noch nie vorgestellt.

Kurz vor der Wende, ehe die Mauer fiel, war es sehr kritisch in der Stadt, erzähle ich weiter. Die Bereitschaftspolizei trug Kampfausrüstung, Schützenpanzer standen bereit.

Der Blick meiner Enkelin ist jetzt von den aufragenden Säulen der Kirche gefesselt, die sich oben palmenartig auseinander ziehen. Sie strahlen Größe aus und Schönheit. Wir verweilen. Es ist wirklich ein besonderer Ort, von dem etwas ausgeht. Kerzen, sage ich, Kerzen wurden nach den Montagsfriedensgottesdiensten angezündet und herausgetragen.

Mit dem Motto „Keine Gewalt" bewegte sich die Demonstration über die Ringstraße um die Stadt.

Wir kehren zurück ins Heute, wenden uns wieder der Buchmesse zu. Leipziger Buchmesse, das ist etwas Wunderbares. Eine Fülle an Angeboten von Lesungen, die an den verschiedensten Orten stattfinden. Dadurch stellt sich die Stadt zugleich vor. Es wird eingeladen in Buchhandlungen, in Rathäuser, Kirchen, Schulen, Bibliotheken. Der Thüringer Hof ist ein idyllischer Ort, um zwischendurch zu speisen, die „Plumpe" steht noch immer davor.

Ganz nah steht auch Vater Bach auf einem Sockel vor der Thomaskirche und dort der junge Goethe vor der Börse. Am großen Platz fließen vier Ströme ins Brunnenrund wie in Rom. Ein Strafverteidiger redet bei einer Lesung in einer Buchhandlung von Gott, ein Pfarrer spricht von der Kanzel über Täter und Opfer. Wolf Biermann wendet das Wort Heimat in Denken und Gemüt hin und her. Wilhelm Genazino bemerkt die normalen Dinge und benennt sie so genau, dass manches komisch zu sein scheint. Ja, Lesungen haben wir besucht und die Thomaner vermisst, die waren auf Reisen.

Im Gohliser Schlösschen – hier in der Nähe bin ich geboren – lese auch ich. Der kleine Saal ist für Lyrik wie geschaffen. Bei jedem, der liest, spüre ich den Hintergrund seiner ganz eigenen Biografie. Worte, die viel zu rasch vorüber wehen. Als Kind konnte ich das Innere des Schlösschens nie betreten. Draußen auf der Gartenseite erlebten wir Shakespeares Lustspiele und Serenadenabende an schönen Sommertagen. Jeden ersten Ostertag las ein Schauspieler (Finohr?) den Osterspaziergang aus dem Faust. Da waren wir jedes Mal mit Begeisterung dabei.

Am nächsten Morgen starten wir nochmals einen Erinnerungsspaziergang durch die Stadt. Wir brauchen nur kurz hinzugehen, locke ich meine Enkelin, aber ich möchte dir gern etwas von unserer Familie erzählen und zeigen.

Der Weg zum Brühl ist nicht weit. Noch sind Lücken in der Bebauung vom Krieg her im oberen Teil der Straße.

Was heißt Brühl? wundert sich die Enkelin.

Brühl heißt eigentlich Sumpf. Es war hier total feucht, doch die Menschen haben trotzdem ihre Häuser gebaut. Der Ort war günstig, weil er an einer wichtigen Handelsstraße zwischen West und Ost lag. Im Jahr 1498 wurde die Bebauung durch eine Feuersbrunst fast zerstört. 1518 brannten alle Häuser nieder. Aber die Leipziger haben unbeirrt wieder aufgebaut. Damals waren es schon die Pelzhändler und Kürschner, die vor allem vom Osten ihre Waren erhielten. Du siehst, ich habe mich auf deine Fragen gut vorbereitet.

Aber was hat das alles mit uns zu tun?

Dein Ururgroßvater hat hier sein Geschäft gegründet. Allerdings erst Ende des 19. Jahrhunderts. Mein Vater hat es weiter geführt. Aber das ist eine lange Geschichte. Ich wollte dir nur mal erst das Haus zeigen.

Ist es das?

Wenn auf dem Dach ein Dreieck und ein Eisbär zu sehen sind und runde Bögen über den Kellerfenstern, dann ja.

Enkelin schießt rasch ein Foto.

Ich denke an die weiten Wege der Familien. In dieser Straße hatte eigentlich jeder mit Pelzen zu tun. Dann kam der Krieg. Wir wurden besiegt, die Russen zogen in Leipzig ein. Mein Vater konnte nicht mehr als freier Kaufmann seine Geschäfte abwickeln. Jetzt ist alles in anderen Händen.

Am Abend bekommen wir gerade noch Platz in Auerbachs

Keller. Der Geräuschpegel ist beträchtlich, aber da tritt wirklich Mephisto auf und setzt sich durch. Er zitiert aus dem Faust, denn hier unten hat Goethe ihn agieren lassen.

Draußen hake ich mich bei meiner Enkelin ein, es ist immer noch matschig und inzwischen völlig dunkel. Aber morgen wird der Schnee vergessen sein, es wird Frühling werden, und die Buchmesse wird wieder mal erfolgreich zu Ende gehen.

Meine Enkelin sagt: Ich komme wieder.

Entdecken einer Stadt – Bielefeld

Die Stadt, in der ich lebe.

Heute kommt Besuch in die Schreibwerkstatt, zu der auch ich gehöre. In einem Gespräch werden wir aufgefordert und angeregt, Texte über unsere Stadt zu schreiben. Etwas, was vielleicht aufgeführt werden könnte. Eine Revue, etwa. Auf jeden Fall Szenen zum Jubiläum unserer Stadt.

Ich lebe schon fast 40 Jahre in Bielefeld. Ist es deshalb „meine" Stadt? Nein, sie ist mir noch immer nicht vertraut, nicht Heimat. Vielleicht war ich zu sehr mit engen Aufgaben befasst, wusste von ihr nicht allzu viel. Ich hatte immer wieder gemerkt, wie andere diese Stadt als ihr Zuhause ansahen. Sie gehörten zu verzweigten Sippen, die schon immer hier wohnten. Sollten die doch schreiben.

Aber wie so oft, lasse ich mich von Ideen inspirieren. Fürs Theater muss ein Text lebhaft sein, also müssen Personen vorkommen. Spontan fällt mir die Kunsthalle ein und der Denker, der davor sitzt, der allerdings absolut nichts tut als denken. Ich aber lasse ihn ganz einfach aufstehen. Ich kann das. Schon sehe ich, wie er sich streckt. Er wird größer und gerader, springt schließlich leichtfüßig – wer hätte ihm das zugetraut – vom Podest. Mitten in der Nacht begibt er sich in die Stadt. Läuft neben mir durch die Straßen. Doch diese sind für ihn enttäuschend leer.

Hallo! Da steht ja der Leineweber. Eine bekannte Figur in der Stadt. Sehr diesseitig steht er da, den Korb mit Leinen auf dem Rücken. Dabei raucht er geruhsam seine Pfeife, duldet Tauben auf seinem Kopf. Das hätte der Denker nie erlaubt.

Weil der Denker jedoch mit dem Leineweber nicht ins Gespräch kommt, überquere ich mit ihm die Straße zum Rathaus. Da kniet ja einer. Der richtet den Blick nicht in sich, sondern suchend nach oben in eine geweitete Welt. Er scheint Großes zu entdecken, oder stößt auch er an eine Wand, die sich nicht öffnet? Nein, keine Wand, sondern sein fragender Blick verliert sich im Nichts.

Aber da merke ich plötzlich, dass ich allein bin. Ich drehe mich um, da drüben geht er bereits, mein Begleiter durch die Nacht, der Denker. Er wird zu seinem Sockel zurückkehren wollen. Vielleicht träumt er von seinem Schöpfer, der ihn als Weltenrichter in ein großes Ambiente einbauen wollte, in das Höllentor.

Ach, denke ich, könnte man ihm doch eine Denkerin zur Seite stellen, damit er nicht so einsam bleibt.

In diesen Tagen werden auf einmal Friedhöfe für mich interessant. Ich schlendere über die Wege zwischen den Gräbern, lese Inschriften. Skulpturen aller Art erzählen vom Leben der Verstorbenen oder von der Gedankenwelt der Hinterbliebenen.

Ich beginne mich zu fragen, wer die Säule auf dem Alten Friedhof errichtet hat. Sie dient der Erinnerung an den Superintendenten der Grafschaft Ravensberg J.H. Scherr, Pfarrherr in der Neustadt. Durch ihn finde ich Spuren zu der Sängerin, der Crüwelli, die aus Bielefeld kam und an der Pariser Oper die Menschen begeistert hat, ehe sie den Grafen Vigier heiratete und der Bühne entsagte. Sie war Enkelin des Pfarrherrn.

Aber wie ist das überhaupt, wieso ist so nahe der Stadt dieser kleine Friedhof entstanden, auf dem ich immer Penner sehe, die ausgetrunkenen Bierflaschen unter den Bänken.

Zu meiner Freude entdecke ich jetzt unter dichten Bäumen ein Kind, das in seinen Händen ein aufgeschlagenes Buch hält. Es steht auf einem Sockel. Karl Bozi, sieben Jahre alt, 1847, steht auf diesem und führt mich auf die Spur der Familie Bozi. Sie ist aus Ungarn eingewandert. Die Brüder Carl und Gutsav Bozi gründeten 1851 den ersten industriellen Großbetrieb in Bielefeld, die Maschinenspinnerei Vorwärts.

Die Industriegeschichte von Bielefeld wird vor meinen Augen lebendig.

Ich begebe mich ins Stadtarchiv und beginne genauer nachzulesen.

Später schwinge ich mich auf mein Fahrrad, stöbere durch die Parks. Ich fahre durch die Grünanlagen, die vom Schlosshof zur Oetkerhalle führen. Irgendwo soll ein Kranichpaar zu finden sein. Ich hatte schon von der Stapenhorststraße aus in der Nähe der Schulgebäude nach ihnen gesucht. Kraniche waren mir durchaus nicht begegnet. Jetzt aber komme ich vom Park aus, und da stehen sie an einem kleinen Teich, als gehörten sie seit jeher dahin.

So entwickelte sich meine Neugier und aus der Neugier wird Vertrautheit mit der Stadt.

Am Stadtrand

Unsere Familie wohnt am Rand der Stadt. Da, wo sie einen Grüngürtel hat. Wir haben im Lauf der Jahre viele Veränderungen erlebt. In den Feldern wurde gebaut. Bauernhäuser und Ackerflächen verschwanden. Ein schmaler Streifen um den Bach blieb allerdings erhalten. Das Gelände ist zu sumpfig, um dort zu bauen. Ich fahre weiterhin mit dem Rad durch die Parks und um den neuen See. Sitze auf Bänken und schreibe auf, was mir einfällt. Eine neue Freiheit. Die Kinder sind erwachsen.

Später, als ich allein zurückbleibe, die Kinder sind fort, mein Mann lebt nicht mehr, sind da diese fast unmerklichen Fingerzeige von Menschen. Kommst du mit? An der Uni gibt es Vorlesungen. Studium ab 50.

Ich brauche nur eine halbe Stunde durch den Wald zu gehen und bin im Hörsaal der Uni. Ich suche mir Themen. Germanistik und Theologie.

Im Welthaus könnten sie noch jemand für den Laden gebrauchen. Hast du Lust? Fragt eine andere Stimme.

Wer organisiert das Literatur-Telefon?

Hast Du gehört, dass sich eine Gruppe von Künstlerinnen zusammen getan hat? Da gehörst Du doch auch dazu.

Und dann ist da noch das Projekt in Südamerika. Ich breite eine Karte vor mir aus. Wie groß sind die Städte? Wie groß das Elend? Es geht um Kinder. Besuch aus Argentinien ist da. Erst langsam verstehe ich die Geschichte und Situation im so fernen Land.

In dieser Zeit verändert sich für mich die Stadt, in der ich nun schon fast vierzig Jahre lebe, diese Stadt am Teutoburger Wald. Zwar spüre ich noch immer, dass ich hier nicht zuhause bin. Diese Stadt, die sich so gern selbst verleugnet, die mir durch die Suche nach ihren Skulpturen näher gekommen ist, jetzt will ich diese weiter kennen lernen.

Ich versuche, an den Rändern der Altstadt entlang zu laufen. Da gibt es die Mauerstraße und tatsächlich einen kleinen Rest der Stadtmauer. Die Straße ist holprig. Das passt so richtig. Ich möchte der Stadt ihre Geheimnisse entreißen. Klöster gab es hier. Ich besuche alle Kirchen im Stadtkreis und erfahre viel über ihre Geschichte im Rahmen der Stadtentwicklung.

Vor allem die Stadtkirchen werden mir vertraut. Im weiten Raum haben sich in einer der Kirchen unter den Seitenfenstern kleine Figuren auf Podesten einen Platz gesucht. Da sind Artisten, Tänzerinnen und immer wieder Gestalten, die sich vom Boden lösen wollen, sich strecken, die fliegen möchten. Sie sind aus dem alten Kupferblech der Kirchtürme gearbeitet, die ein neues Dach bekommen haben. Ich schreibe Gedichte zu den Themen der Kunstwerke.

Hinsehen, Ergriffensein, Erkennen – das sind die Hinweise zu der Ausstellung, zu der ich bei den „Nachtansichten" meine Gedichte lese, unter dem Titel: Staunen ist Anfang des Erkennens.

Drüben in der älteren Kirche sitzen wir am Ende des Seitenschiffes vor einer Licht-Skulptur, einer Spirale, die den Weg nach oben weist, wo sie ausklingt bei der Figur eines segnenden Christus, die ein halbes Jahrhundert früher geschaffen wurde. Wenn jemand die Licht-Skulptur anstößt, schwingt sie. Es spielt keine Rolle, wo sie berührt wird. Nichts bleibt, wie es ist, wenn an einer Stelle etwas in Bewegung gerät. Schwingen und Schweigen schaffen einen Ort der Zeitlosigkeit.

Die Stadt mit ihren Kirchen ist ein Gestern im Heute.

Eher versteckt, obwohl an einem geräumigen Platz gelegen, noch eine Kirche. Als ich sie kennen lernte, wirkte sie dunkel und geheimnisvoll. Eines Tages stehe ich mit einem jungen Mädchen aus den USA vor der Schwarzen Madonna im Seitenschiff.

What's this?

Ich will ihr erklären, warum das Gesicht der Madonna

schwarz ist. Sie schüttelt den Kopf, meint: I am atheist. Sie kennt keine Madonna.

Nicht weit davon betrete ich die Kirche, die zu einem Augustinerinnenkloster gehörte. Meine Erinnerung wählt einen Abend aus, an dem hier jüdische Lieder erklangen, erinnerten, mahnten. Theaterstücke und Konzerte hatten hier ebenfalls ihren Platz. Auch dieser Ort ist für mich von Bedeutung.

So wachse ich fast von allein in diese Stadt hinein, indem ich hier lebe, nach ihr frage, annehme, was sie mir anbietet.
Aber da ist noch mehr.

Ich lerne neue Menschen kennen. Dringe auch dadurch tiefer in die Stadt ein. Nicht in Straßen und Plätze, sondern in ihr Leben und Sein. Ich gehöre zu einer Gemeinde, zu verschiedenen Gruppen.
Gehören kommt von hören, aber nicht immer bin ich sicher, dass ich genauso denke, wie da gesprochen wird. Ich bohre wieder in die Tiefe, obwohl ich weiß, dass ich den letzten Grund nicht finden werde. Niemand hat mir in meiner Kindheit Gedanken an Sünde und Opfertod eingeimpft, obwohl ich getauft und konfirmiert wurde. Es ist nicht alles stimmig, vieles scheint fragwürdig auf dieser Welt, was die Menschen treiben. Ich wäge ab, wie viel Einsamkeit und wie viele Zugeständnisse ich vertragen kann. Immer wieder stehe ich vor der Mauer. Was dahinter liegt, bleibt verborgen. Ich weiß es ja.

Ich bin jedoch nicht allein mit Gedanken und Fragen. Jemand schreibt mir fast täglich am Morgen bei der ersten Tasse Kaffee einen Brief. Küchenbriefe nenne ich diese. Wir bleiben lange in Verbindung. Eines Tages verunglückt sie tödlich.

Inzwischen habe ich schon viele Tote in dieser Stadt zu beklagen. Das gibt der Stadt Gewicht. Neuere und alte Erinnerungsfäden ziehen sich durch meine Zeit in dieser Stadt.

Nun lebe ich also hier, wo ich keine Wurzeln habe und sich auch keine bilden werden, weil meine engere Familie sich längst in alle Welt verstreut hat. Niemand hielt sie hier.
Wie zufällig war ich mit meiner Familie in dieser Stadt gelandet, und meine Kinder haben sie wieder verlassen, um – vielleicht – anderswo eine Heimat zu finden, und wir Alten gehen sowieso ganz aus dieser Welt.

Lähmung

Mein geschickter Engel

Vor zwei Wochen hatten wir in einer Gruppe über die Geschichte von der Heilung des Gelähmten gesprochen. Wir hatten uns gefragt, wie es wohl ist, gelähmt zu sein.

Das Bett, in dem ich liege, ruckelt und steht. Ich öffne mühsam die Augen, die Narkose wirkt noch nach. Ich sehe ein vertrautes Gesicht, meine Tochter. Lieb und zuverlässig. Irgendwann später wache ich nochmals auf. Ich liege auf der rechten Seite. Mein linkes Bein ist ganz schwer. Ich kann es nicht heben und überhaupt nicht bewegen. Ich nehme meine Hände, um es ein Stück wegzuschieben. Und der Fuß! Fühlt sich an wie ein Sack Reis. Körnig. Fremd.

Meine Bettnachbarin steht plötzlich neben mir, besorgt und blass, in ihrem Bademantel. Ich muss schon wieder eingeschlafen sein.

Ich habe auf Sie aufgepasst, als Sie schliefen, sagt sie und stellt eine Flasche Wasser auf meinen Nachttisch. Sie hat schon viel Leid erlebt. Sie trägt mit sich viele körperliche Behinderungen, aber sie fragt mich, wie es mir geht. Macht eigenes Leid verständnisvoll für das Leid anderer? Die Nacht vor der Operation hat sie geduldig mein Stöhnen ertragen. Mich? Mich macht mein Schmerz egoistisch, rücksichtslos. Ich sehe die Frau vor mir nur wie einen Schemen. Für ihre Freundlichkeit danke ich viel zu wenig, ich bin so sehr mit mir selbst beschäftigt.

Langsam erst dringt in den nächsten Tagen in mein Bewusstsein: Ich habe eine Lähmung im Bein. Ich kann laufen, aber es ist ein Humpeln, schief und schmerzhaft. Meine linke

Hüfte sackt herunter. Jemand bringt mir eine Gehhilfe, einen Wagen mit vier Rädern.

Wochen später bekomme ich zwei Krücken. Ich hatte gelernt, Krücken als Gehhilfen zu bezeichnen. Bei anderen.

Für mich sind es Krücken. Mit Genuss nehme ich dieses Wort in den Mund, um meinem Kummer Ausdruck zu verleihen. Werde ich jemals wieder richtig laufen können? Niemand kann mir das versprechen. Es kann lange dauern, kann schnell gehen, Monate. Bis zwei Jahre. Gar nicht. So lauten die Auskünfte.

Ich warte auf Wunder. Hatte nicht Jesus gesagt: Nimm dein Bett und wandle. Aber war der Mensch, zu dem er es sagte, nicht völlig gelähmt, am ganzen Körper?

Ich bin undankbar. Dieser konnte gar nicht laufen. Freunde – oder waren es Fremde? – hatten ihn zu Jesus tragen müssen. Ich muss mein Humpeln in Kauf nehmen. Ich denke an Jakob, dem die Hüfte verrenkt war, nachdem er mit dem Engel Gottes rang.

Jede Nacht spüre ich meinen Fuß lebendig, ich glaube, ihn voll bewegen zu können. Jeden Morgen sehe ich, dass es ein Irrtum ist, muss mich neu darauf einstellen, mit einer Lähmung zu leben. Was hatte ich mir denn eingebildet? Hatte ich etwa gedacht, unbeschädigt durchs Leben zu kommen?

Aber hatte ich nicht schon genug Sorgen gehabt in diesen vielen Lebensjahren? Verluste. Ängste. Hatte ich noch diese Belastung nötig? Diese Lähmung ist wie eine körperliche Antwort auf seelisches Leid.

Menschen kommen und besuchen mich an meinem Krankenbett. Blumen stehen neben mir, Kekse (es ist Weihnachtszeit), ein mit der Hand abgeschriebener Psalmvers. Kunstpostkarten (Maria und Josef und Engel aller Art), Saft, Briefe, Äpfel, Trauben.

Ich liege da mit Schmerzen, ich kann nicht laufen ohne Schmerzen, der Schmerz betäubt mich, die Farben leuchten nicht, die Gesichter bleiben fern, obwohl vertraut und treu und freundlich.

Ich sitze da und warte, soll mal wieder in ein anderes Zimmer verlegt werden. Ich musste mein Zimmer bereits verlassen, aber das neue Bett ist noch nicht fertig.

Ich sitze im Gang, hilflos, warte.

Verloren hast du ausgesehen, sagt Else, die plötzlich aus dem Fahrstuhl tritt und sich zu mir setzt. Else, die mir später beim Einräumen hilft und mir die Telefonkarte besorgt. Ihr überraschendes Erscheinen erleichtert vieles.

Tage später. Ich soll zu einer Untersuchung in ein anderes Haus mit dem Taxi fahren, und ich kann doch so schlecht laufen, ohne Rollator geht es gar nicht. Ich fühle mich so schwach nach den wochenlangen Schmerzen und schlaflosen Nächten.

Man legt mir die Papiere für meinen „Ausflug" auf den Nachttisch, man sagt, das Taxi sei bestellt und lässt mich allein im Zimmer im zweiten Stock zurück. Ich zwänge meinen geschädigten Fuß schmerzvoll in einen Schuh, wie werde ich es schaffen? Da klopft es an der Tür. Else kommt genau in diesem trostlosen Augenblick.

Sie begleitet mich mit dem Taxi hin und her, besorgt mir eine Gehhilfe im anderen Haus. Else, MEIN GESCHICKTER ENGEL.

Wer hat ihn geschickt?

Es gibt noch mehr Engel, die zu mir ins Zimmer schlüpfen, ein paar Worte sprechen, etwas auf den Tisch legen: ein Buch, einen Gruß, eine Christrose oder einen Weihnachtsstern.

Dennoch versetzen Schmerz und Lähmung mich in Panik. Aber ich bleibe ruhig. Genau dieser Widerspruch kennzeichnet mein sachlich geordnetes Dasein im Krankenhaus.

Die Karteikarte, die Akte, die Diagnose, Schmerzmittel, Schlafhilfen, Spritzen, Reflexe, Mensch als Materie.

Jeden Tag bei der Visite schauen die Ärzte von oben herab auf meinen Fuß, aber er hebt sich nicht. Kein Wunder geschieht. Die Lähmung ist perfekt. Sie wenden sich wortlos ab.

Doch eines Tages bleibt ein Arzt zurück, als der ganze Schwarm mich schon verlassen hat. Ein junger Arzt, der sich umdreht, ein paar Schritte zu mir zurückgeht, sich noch einmal an mein Bett stellt und sagt: Ich drücke Ihnen die Daumen, dass es dennoch wieder wird.

Hoffnung! Hoffnung also, jenseits von Karteikarte und Diagnose. Das also brauche ich, dass mich jemand anspricht, nicht nur meinen Fuß herablassend begutachtet.

Am Abend tritt die Nachtschwester ins Zimmer, steht da und wünscht mir einen guten Schlaf, sagt: Ich sehe ab und zu nach Ihnen, sagt es so ruhig und lieb, und wirklich, sie sieht nach mir, ohne dass ich klingeln muss, bringt noch ein Schmerzmittel, hört sich sogar einmal einen Traum an.
Du sprichst so viel von Engeln, sagt meine Tochter, als ich es ihr erzähle, und das klingt fast tadelnd.

Engel? Nun ja, tatsächlich erlebe ich Treue. Besucher, die über den Berg kommen. Besucher, die mir etwas besorgen, Menschen, die mir telefonisch versichern, dass sie an mich denken. Die gute Begrüßung am Abend durch die Nachtschwester. Doch jeden Morgen – als sei sie neu – ist die Lähmung da.

Wie war das mit dem Gelähmten, den Jesus heilte? Nimm dein Bett und wandle.

Mein Blick fällt auf den Psalmvers, den mir Else aufgeschrieben hat: Wenn ich mitten in der Angst wandle, so erquickst du mich und streckst deine Hand aus und hilfst mir mit deiner Rechten.

Weit weg, was ich da lese. Ich bin eigenartig versteinert. Mich erreicht fast nichts.

Doch ich nehme meine Krücken. Etwas besser kann ich schon damit umgehen.

Nur den Weihnachtsabend, von dem ich beinah nichts erfahren hätte, erlebe ich als lebendiger Mensch. Kranke in ihren Betten werden herangefahren, Rollstühle und Humpelnde kommen dazu, alle versammeln sich in einem Raum, der durch seine hohen Fenster einen weiten Abendhimmel zulässt.

Die Texte habe ich vergessen. Ich hatte zu viel Mühe, stehend (ich durfte mich nicht setzen) durchzuhalten. Aber ich fühlte mich dazugehörig und getragen. Ich mit meiner Schwäche und meinen Krücken gehörte genau hierher.

Hotel zur Klinik

Die Tür öffnet sich eilfertig, als ich mich dem Gebäude nähere. Schritt vor Schritt, Stütze vor Stütze erreiche ich den Empfangsraum des „Hotel zur Klinik". Ab jetzt werde ich eingepasst ins Getriebe von fünfhundert Leuten. Zum

Glück: Ich erhalte einen Schlüssel für ein Zimmer für mich allein, er schließt den Raum auf und ab für Träume, Schmerzen, Lesen, Schlaf. In diesem Raum liegt auch die Verbindung zur Außenwelt: Das Telefon.

Sonst ist das Leben ab jetzt für mich verengt auf dieses Haus, diese Menschen, den Plan, der festlegt, wann ich wo zu sein habe. Ein Essplatz wird mir zugewiesen, bitte sehr, ich rette mich an den Vierertisch. Mein Blick fällt auf den Gang, der durch Wand und Glasscheibe von dem Essraum getrennt ist.

Essenszeit: Gespenstisch strömen Schatten hinter dem durch eine lockere Gardine verhüllten Glas vorbei, schieben sich vorwärts, eine gemächliche Karawane, alle zu einem Ziel, ohne Gesichter, ohne genaue Form. Die Krücken vorgesetzt, der Körper kommt nach, ein Zug undeutlicher Bewegung, verfremdet.

Ich stelle mich vor. Drei Frauen nennen Namen, Vierergemeinschaft im riesigen Raum, aufeinander angewiesen, jede hört den anderen zu, die Schmerzen der Nacht, jede hört nicht zu, keiner hört zu, jede hört, keine. Zwischen Ratschlägen und Auskünften und Berichterstattung werden wir satt. Vier Frauen. Vier Punkte unter fünfhundert. Ich spreize die Arme, um Abstand zu halten, antworte, um nicht Außenseiter zu werden, hebe den Kopf, um Übersicht zu behalten, ziehe die Fühler ein, igle mich zusammen, um nicht ausgelaugt zu werden. Ich ziehe mich zurück, muss zur Brunnenstube, ein Vortrag ist angesagt, erst aber aufs Moor.

Ich muss mich bloßstellen, ich lege mich nieder auf fünfzig Grad Hitze, ich darf Klagelaute nur gedämpft ausstoßen, werde mich gewöhnen. Ich starre auf Punkte an weißer

Decke, die keine Brownsche Bewegung wagen, sondern an ihren Ort gebannt sind wie auch ich. Die Sanduhr führt geräuschlos durch die Zeit.

In der Kabine nebenan erklärt eine Frauenstimme, dass sie hätte Sängerin werden wollen, sie summt Opernmelodien.

Endlich nehme ich meine Papiere mit dem Plan wieder an mich und gehe. Ohne Papiere wäre ich nichts in diesem Haus, ein Niemand, den jeder ratlos ansehen würde. Vorwurfsvoll: Wo ist Ihr Plan?

Diesem Plan entrinne ich nicht. Ich erfülle Punkt für Punkt. Tag für Tag. Wenn ich erschöpft bin, wankt der Boden unter mir. Aber ich kenne meinen Namen und meinen Plan.

Jeder hier läuft einzeln als Horde durch die Gänge, Stützen stützen, stoßen auf und sich ab, zählbare Tage. Ich muss den Blick fest aufs Ziel fixieren, nicht in mich hineinhorchen. Ich will durchkommen, ohne abzustürzen in das, was ich fühle, vielleicht das Alleinsein im Zimmer, eine Einsamkeit, wer weiß, vielleicht sind die Übungen zu gewaltsam, wer weiß wirklich, was mir gut tut, wer weiß, was für Energien der Masseur auf meiner Haut austobt, folgerichtig, aber anonym, wenn auch mit Namen. Körper nach Körper, schöne und alte, junge und fleckige, gesprächige und stumme, zarte und massige. Ich fühle mich schmerzhaft berührt, gleich darauf jedoch wohl, ich zähle die Tage nach der Halbzeit.

Ich treffe Menschen. Ich habe Kummer, will mich im Alleinsein verstecken. Mein Gegenüber hat den gleichen Verlust erlebt wie ich. Der nächste Mensch ist gestorben. Einfach nicht mehr da. Wir wischen uns beide die Tränen aus dem Gesicht. Der Plan ruft.

Sichzusammensetzen lehne ich ab. Ich eigenbrödle. Trotzdem hängen in mir die Menschen, die täglich neben mir, vor mir stehensitzenliegen, wie auch die kräftige junge Frau, die mich immer freundlich begrüßt, mir den Hocker heranholt, eine der wenigen, die mich wahrnimmt. Jeden Morgen sehen wir uns, planmäßig treffen wir zusammen zur Gruppengymnastik, zum Durchspannen, Zehen zur Nasenspitze, Schultern an die Wirbelsäule.

Aus Gespenstern hinter der Glasscheibe sind inzwischen Menschen geworden. Ich muss fort. Ich darf fort. Meine Zeit läuft ab. Da klebe ich schon an Schicksalen und reiße mir die Haut ein, um das „Hotel zur Klinik" wieder in die Anonymität zu entlassen.

Ein Jahr danach

Ein wenig heben sich die Zehen schon. Ich schreibe „schon", obwohl ich auch „erst" schreiben könnte. Nach einem Jahr!

Trotzdem bin ich noch das unfolgsame Kind, das nicht tut, was dringend von ihm gefordert wird. Wenn die Stimme befiehlt: Zehen heben! Hoch! Zehen hoch! Gelang es monatelang überhaupt gar nicht auch nur ein kleines bisschen, ich verzerrte mein Wollen im Kopf, aber es kam beim Fuß nichts an. Bis eines Tages wenigstens eine Ahnung davon in mir wuchs, wo ich ansetzen könnte mit der Muskelspannung.

Schon sehr schnell nach der Bandscheibenoperation hatte ich gemerkt, dass die einzigen, die mich von verbliebenen Schmerzen befreien und mir wieder auf die Beine helfen könnten, die Krankengymnastinnen waren, keineswegs die Ärzte.

Inzwischen übe ich unverdrossen weiter. Sehr langsam bekomme ich ein besseres Gefühl für meinen Körper, bewundere immer wieder, wie alles darin zusammenspielt, wie kompliziert er organisiert ist, vom Kopf zum kleinen Zeh spüren wir Verbindungen auf.

Ohne meine Gym-Meisterin der letzten neun Monate säße ich noch schlapp und schmerzvoll da.

Jetzt aber fordert sie mich auf, mein linkes Bein nach hinten zu heben und ihr zu überlassen.

Nach vorn ziehen! Befiehlt die Stimme gleich darauf. Ziehen! Zehen hoch ziehen! Und ich würde das ja gern tun, hielte sie es nicht mit allen ihren Kräften fest.

Wie lange wird es noch dauern, bis ich den vorderen Fuß wieder anheben kann? Das rechnet sich nicht in Tagen. Nicht nach Wochen. Nach Monaten. Vielleicht Jahren. Ob überhaupt?

Aber wir haben ja beide Mut. Manchmal allerdings borge ich mir ein bisschen davon bei meiner Gym-Meisterin. Schon treibt sie mich zur „Ballett-Übung". Einen Fuß nach vorn, belasten, das Knie gekrümmt, die Achillessehne darf nicht schrumpfen, nun das rechte Bein stramm nach hinten strecken und abheben. Fehlen nur noch die Schlittschuhe.

Die „schreckliche" Übung ist die, bei der ich zuerst glaubte, alle Zehen meines linken Fußes würden schmerzvoll abbrechen. Dabei handelte es sich um ein einfaches Niederknien und Aufstehen.

Bin ich mal einen Tag nachlässig mit Übungen, so meldet sich doch der Fuß immer hartnäckig, wenn ich abends im Bett liege. Er fordert dringend Beachtung gerade dann, wenn ich mich eigentlich erschöpft dem Schlaf überlassen will. Die

Zehen möchten sich heben. Ich fühl's. Weiß aber schon, dass sie's nicht können. Doch das verrate ich ihm nicht. Er soll ruhig üben. Ich spüre lebhaft, etwas geht in ihm vor, etwas zieht sich durch ihn hindurch, er lebt, er müht sich, schon hängen die Zehen nicht mehr ganz herunter.

Und ich kann laufen! Erst noch mit einem Stock. Dann geht es ohne. Allmählich kann ich so schnell laufen wie zuvor. Zwar trage ich eine Schiene, sie stört, die Zehen schmerzen noch oft, aber ich bin glücklich. Ich kann überall hin. Ich fühle mich wie neu.

Ein Loblied auf meine Gym-Meisterin, die sich zwischen allem auch mal anhört, was ich lebe. Ein seelischer Schmerz braucht seine Zeit. Beim Turnen ist es so: Was im Kopf geschieht, soll bei den Füßen ankommen. Warum sollte, was in der Seele geschieht, nicht auch im Körper ankommen?

Der Fuß, umschlungen von einem Trainingsband, soll sich stärken. Nach vorn ziehen! Ziehen! Wie ein Zugpferd komme ich mir vor. Woher weiß meine Gym-Meisterin eigentlich so genau, wie viel ich leisten kann? Wenn ich glaube, erschöpft zu sein, befiehlt die Stimme: Noch einmal! Und genau das geht auch, und genau das brauche ich.
Am Anfang meiner Behandlung fragte die Stimme vorsichtig: Geht's noch einmal? Und wer sagt da schon Nein. Am Anfang hat meine Gym-Meisterin meinen so schmerzempfindlichen Fuß durch zartes Bürsten und Reiben gelockt und gereizt. Inzwischen bekommt mein Fuß schon mal Schläge. Genau diese rauere Art verträgt er jetzt. Schließlich muss der Fuß begreifen, dass er bei so viel Zuwendung nicht trotzig seine Reaktion verweigern kann.

Gut, lobt meine Gym-Meisterin, sehr schön.

Nun also: die Knie beugen, die Arme nach hinten, Rücken gerade und verharren, auch wenn die Knie versagen wollen, noch ein bisschen.

Es ist genau die Haltung, in der ich zum Fliegen ansetzen könnte. Aber ich will ja nicht fliegen, sondern mit meinen beiden Beinen fest auf der Erde stehen und auf ihr laufen. Das heißt: Weiter der Geduld die Hand reichen und üben. Aber ich kann auch jetzt schon mit dem Fuß LEBEN.

Ziemlich alt

Blitz

Es schmerzt im Bein. Die Bilder vernebeln ein wenig vor den Augen. Du verstehst nicht mehr alles, was die Menschen um dich herum reden, und das beunruhigt dich.

Sie hören allenfalls freundlich zu, wenn du es ihnen klagst. So wie du ihnen zuhörst und schließlich auch nur hilflos weiter gehst. Immerhin, du hast es gehört.

Jahr an Jahr hat sich gereiht. Das Kind, das du warst, hat sich längst in die Höhe gestreckt. Der Kopf hat Dinge und Ereignisse durchdrungen und das Herz mancherlei Hüpfer und Sprünge getan. Du hast Nähe zu Menschen erlebt, manchmal unerwartet. Du hast Fremdes erfahren beim Vorwärtsgehen. Dein Rücken ist zusammengesackt von Lasten, die zu tragen waren, innen und außen. Du bist klein geworden und denkst: Eigentlich reicht's. Es ist jetzt genug an Plage und an Freude. Ein neues Jahrtausend ist angebrochen. Hoffentlich wird es friedlich sein.

Da schlägt unerwartet der Blitz ein.

Terror, sagt die Frau, die im Bus vor mir sitzt und sich halb zu mir umgedreht hat. Die Fahrgäste, sonst distanziert, reden heute miteinander. Eine wogende gedämpfte Stimmung. Haben Sie's auch gesehen? Nichts gesehen. Was war? Man wagt es kaum auszusprechen: Das World Trade Center in New York ist zerstört, die Türme sind zusammengesackt.

Und tatsächlich, als ich zu Hause den Fernseher anstelle, sehe ich es. Immer wieder, unendlich oft wiederholt, schleudern sich die Flugzeuge in die zwei Türme, sodass sie zerbrechen. In jeder Zeitung in den nächsten Tagen, in jeder Nachricht, immer wieder wird der Horror vor der ganzen Welt abgespielt. Später erst zeigen sie die Menschen, die es überlebt haben, unglaublich, wen es betrifft. 2 749 Menschen kostet dieser Anschlag das Leben.

Irgendwie verhärtet sich etwas in mir. Der Tag besteht nur noch aus den Mühen des Alltags. Andere Worte regieren jetzt. Klimawandel. Netzwerk. Sex. Fitness. Feminismus. Highlights. Popcorn. Auch: Gipfeltreffen. Humanitäre Hilfe. Soldatenkontingent. iPhone. Tuner, Display. Armutsgrenze. Bankenkrise.

Obwohl ich einen Computer bedienen kann, verstehe ich doch vieles nicht mehr.
Das Wort Zeitzeuge, das passte allerdings zu meinen Mühen um Erinnerung.
Doch noch lebe ich im Heute.

Fast eine Liebesgeschichte

Genug oft

Noch kann sie auch außerhalb der Stadt an Veranstaltungen teilnehmen. Auf der Fahrt zu einem Seminar erfreut sie die Weite der Landschaft auch heute wieder. Am Steuer spürt sie jede Kurve bis in ihren Körper hinein. Es sind kaum andere Autos unterwegs. Immer wieder treibt die Straße sie nach oben, eine Art Hochfläche führt sie weiter und weiter und gibt ihr einen wunderbaren Blick in die Ferne preis. Vergangenheit und Zukunft treffen sich im Hier-sein, bis sie das Städtchen erreicht, eine Stoppstraße, eine Ampel, ein Zebrastreifen, über den die Menschen ins Innere einer Einkaufsstraße drängen. Sie fährt weiter, schon liegt das Zentrum hinter ihr, da biegt ein Weg nach links ab, der Wegweiser gibt ihr Sicherheit.

Am Ziel findet sie das freundliche langgestreckte Gebäude, vor dem sie direkt parken kann. Der Empfang an der Theke ist wie immer eher kühl. Sie hätte sich nach der einsamen Fahrt so sehr ein Gefühl von Aufgenommensein gewünscht. Sie bekommt den Schlüssel ausgehändigt, nimmt eine Teilnehmerliste vom Tresen, begibt sich mit dem Koffer im Fahrstuhl in die obere Etage. Im Korridor nimmt sie im Vorbeigehen eine Nische mit einem großen runden Tisch wahr. Hier möchte ich mal mit jemand sitzen und ein richtiges Gespräch führen, denkt sie kurz, ehe sie am Ende des Ganges den Schlüssel ins Schloss zu ihrem Zimmer steckt.

Wenig später befindet sie sich im Vortragssaal unter siebzig Menschen. Sie sitzt in der letzten Reihe, der Redner steht ihr gegenüber, sodass der Redefluss sie gut erreicht. Kurzer Wortwechsel mit der Nachbarin, die mit einem älteren Herrn herein gekommen ist.

Die jüngere Frau setzt sich auch bei der nächsten Veranstaltung neben sie. Ich find's gut hier, betont sie dem Älteren gegenüber, der sich nach vorn setzt.

Warum bleibt sie hier hinten? Denkt die Frau, die dem Alter nach ihre Mutter sein könnte, und freut sich über die Kontinuität und über Worte, die ein Kennenlernen erleichtern. Flüchtige Augenblicke ehe der offizielle Teil weiter geht.

Sie fühlt sich wohl bei diesem Seminar, zieht sich dennoch zeitweilig zurück, sucht danach immer wieder den Platz in der letzten Reihe. Sie hat sich in eine Ruhe hinein gefunden, die ihr sonst fremd ist, die ihr Sicherheit gibt.

Sie weiß, dass diese Ruhe erst kurz vor ihrer Abreise in sie gekommen ist. Sie war mit einem Menschen ins Gespräch gekommen, den sie kaum kannte. Ein Einverständnis ohne Anspruch auf mehr hatte ihr diese seltsame Ruhe vermittelt.

Kurz vor Ende des Seminars lief sie nochmals in ihr Zimmer und traf unerwartet im Korridor die Frau, die neben ihr gesessen hatte. Ihre Bemerkungen, ihr unregelmäßiges Gesicht, was nicht körperlich gemeint war, hatten ihr Interesse an ihr geweckt. Andeutungen ließen Eigenständigkeit vermuten. Und nun setzten sie sich, als hätten sie es verabredet, an den runden Tisch in der Nische. Sie dachte daran, wie sehr sie sich das am Anfang gewünscht hatte.

Zusammensitzen. Ein Leben erzählen – zwei Leben – andeuten – beim anderen in Obhut geben. Nicht um einer Zukunft willen. Vielleicht um dem Augenblick seinen Wert zu geben. Warum wolltest du immer neben mir sitzen?
 Sie hatte die Ruhe gespürt, die von ihr ausging. Deshalb.

Ruhe als Anziehungspunkt? War die nicht langweilig?
 Aber nein, sie könne es nicht anders sagen. Die Ruhe habe sie angezogen.
 Zwei Menschen am runden Tisch. Verschieden von Herkunft, andere Interessen, unterschiedliches Alter und Schicksal. Sie beschenken sich mit der Geschichte ihres Lebens. Das sind keine Wege über Hochebenen. Sondern Wege mit tiefen Einbrüchen.
 Warum nur kann es ihnen beiden nicht gelingen, einfach nur so dahinzuleben? Vielleicht liegt in der Begegnung eine Antwort.
 Die Umarmung beim Abschied birgt Fülle und Dank und Wärme, ist ohne Schmerz.

Der ältere Bekannte der jungen Frau sitzt währenddessen noch im Seminar. Die Frau soll ihm Grüße von ihr überbringen, ihm sagen, sie sei schon abgereist.

Grüße überbringen bedeutet miteinander reden. Sie kommen ins Gespräch. Diesmal ist es kein Endpunkt. Bald geht es weiter – am Telefon.

Treffpunkt

„Jünger, schöner und heiterer", so bezeichnet sie eine literarische Freundin, als sie diese wieder mal besucht. Sie staunt darüber. Also kann sie nicht verbergen, dass mit ihr etwas geschehen ist. Obwohl sie selbst es gar nicht genau weiß.

Ein Treffpunkt ist verabredet. Sie sitzt im Zug, hat das Frühstücksbrötchen eben zu Ende gekaut. Er wird am Bahnsteig stehen, wenn sie aussteigt.
Ihre Gedanken malen Bilder. Eine nicht ganz schlanke Figur, Gesicht mit Andeutung von Falten, die Nase breit, der Mund, wie ist der Mund zu kennzeichnen? Sie weiß nicht. Die Haare sind noch gut drauf. Und wenn er lacht, kommt seine ganze Freundlichkeit zum Ausdruck. Seine Erscheinung weckt Vertrauen. Sie denkt, ihm möchte sie vertrauen. Viel anvertrauen.
Der Zug fährt. Gleichmäßig. Ihr fällt plötzlich auf, dass sie ihre Ehejahre vor sich sieht. Ganz deutlich, wie lange Zeit nicht. Immer zu zweit. Immer jemand, der mittrug, der auch einen Weg suchte, es richtig zu machen. Anderen zu zweit gegenüberstehen, das gibt manchmal Sicherheit. Da fühlte sie sich nie als verlorenes Schaf. Oder? Der Zug fährt und fährt.

Auf einmal wird das Tempo langsamer. Der Zug hält. Es ist noch nicht der Ort, an dem sie verabredet sind. Plötzlich fühlt sie eine Fremdheit beim Gedanken an ihn, sie kennt ihn ja erst seit wenigen Wochen. Sollte sie schon hier aussteigen? Noch war Zeit, dem Treffen zu entfliehen. Am vereinbarten Platz würde sie sich nicht entziehen können. Sie erhebt sich abrupt, stürzt fast, weil im gleichen Moment der Zug wieder anruckt. Zu spät. Also weiter.

Als sie den Zug verlässt, erkennt sie ihn erst nicht. Er wirkt jünger, als sie ihn in ihrer Erinnerung vor sich gesehen hatte. Vielleicht durch den sportlichen Anorak. Sie liegen sich in den Armen. Der Kuss scheint leicht und kurz. Jeder trägt zu viel Schicksal mit sich. Da ist es schwer, einander vorbehaltlos zu begegnen.

Jetzt streifen seine Augen sie kritisch. Er winkelt den rechten Arm, bietet ihn ihr an. Die Nähe lässt sie tief atmen. Endlich jemand, der nicht nur vorübergeht.

Sie schüttelt trotzig den Kopf. Handelt jedoch verquer. Sagt Nein und hakt sich doch ein.
Partnerschaft? Mehr als das? Sie glaubt nicht recht daran. „Ich habe dich lieb." Das hatte er geschrieben. Für sie ein seltsamer Satz in dieser Welt, in der die Uhren herrschen, in der Zahlen und Geld regieren. In der sie alt geworden sind.

Sie nimmt also seinen Arm, sie laufen unbefangen fröhlich Richtung Treppe, Richtung Stadt, Altstadt.

Komm, zeig mir, wo es am Schönsten ist.

Er hat lockere Haare, wenig grau, trägt eine starke Brille, seine Hand wirkt schlaff.

Schritt für Schritt gehen sie durchs Wunderland der Gemeinsamkeit. Etwas lebt in ihr auf. Ihre Augen werden klar.

Sie riecht die Abgase der Autos, aber auch die Schokolade, die im Schaufenster liegt.

Ein Staunen ruht in ihr, ein tiefes Wundern, dass die Häuser Giebel mit Zierrat tragen und gleich daneben ein alter Bunker, vergessen, nach dem Krieg zurückgelassen, ein Utensil der Schreckenszeit.

Er führt sie durch die Straßen, zeigt aufs Rathaus, die Kirche. Sie geht hinein, er muss mit. Sie sucht das Grab einer Heiligen. Er weiß Bescheid, erklärt. Sie verweilen, ehe sie nun den steilen Weg zur Burg hinaufsteigen. Ja, das schaffen sie noch, beide. Oben betreten sie eine Gastwirtschaft.

Beim Wein

Falten ziehen sich über seine Stirn. Ihm gegenüber die Frau mit der Narbe unterm Auge. Beide heben das Weinglas, und es gelingt ein Lächeln.

Vorm Fenster eine Flusslandschaft. Die Glasveranda erlaubt einen weiten Ausblick. Heute ist alles neu, obwohl die beiden ein langes Leben in sich tragen.

Noch mal eine Diktatur, sagt er. Erst Hitler, dann Stalin.

Sie erzählt, dass sie gegangen ist. Damals. Nach Westen. Jung und allein.

Fiel es dir leicht?

Es war eine Chance für mich.

Hast du sie genutzt?

Nicht ganz, sagt sie.

Er blättert eine Seite seines Lebens auf. Auch er hat den Osten verlassen. Später. Schweigen im Raum, als sei gestern Morgen und das Heute unendliche Vergangenheit. Sie leeren die Gläser. Noch ein Glas, Herr Ober, ruft er, und sie nickt ihm zu, weil sie die Weinberge mag, die den Fluss umsäumen und nun ganz im Hier sein möchte. Steil sind die Abhänge und gewiss schwer zu ernten. Aber sie fangen die Sonne ein, zeitlose Spuren von Wachstum reifen zur Süße. Er streckt seine Hand zu ihr über den Tisch. Berührt sie nicht.

Beide haben Kinder, aber sie sind aus dem Haus. Manche leben nah. Es gibt Kinder, die lösen sich und gehen in die Welt, fallen, stehen auf. Sie schaudert bei Unfällen, er hat beredtes Schweigen im Gesicht. Es ist nicht alles gut.

Nein.

Aber das Gute ist gut.

Wie war es denn?

Beim Abschied, auf dem Bahnhof, den Kopf in Richtung des einfahrenden Zuges gedreht, um den Horror der Trennung zu mildern, beim Abschied hat sie ganz unerwartet gesagt: Vielleicht sehen wir uns nie wieder.

Sie weiß nicht, warum sie es sagt. Doch er wiederholt ihre Worte: Vielleicht sehen wir uns nie wieder.

Ein Jahr ist seitdem vergangen, vergangen wie der schnelle Wind, war ausgefüllt mit Briefen, Fremdheit. Angst vor Nähe. Sie zerpflückt die Gefühle, er umgibt sich mit dicker Haut.

Sie sagt sich: Ein Sommer war wohl genug. Ein Sommer ist schon viel. Was will sie mehr. Genug fürs Alter, sagt sie und versucht ein Lachen.

Das steinerne Gesicht

Die Tagung beginnt wie üblich mit dem Abendessen.

Fast alle Tische, jeweils für acht Personen gedeckt, sind schon besetzt, als sie den Speisesaal betritt. Ganz links am Eingang findet sie noch Platz, holt sich ihr Essen und genießt es, am Ziel angekommen zu sein.

Als sie von ihrem Teller aufsieht, fällt ihr Blick über drei Tische hinweg auf ein Gesicht. Dieses Gesicht scheint groß und aus Stein zu sein. Es verzieht sich nicht, wirkt grau, ist von Falten durchzogen, die aussehen, als hätte sie jemand sorgfältig hineingeritzt. Auf dem Kopf entdeckt sie trotz der Entfernung einige graue Haare.

Sie kennt dieses Gesicht, doch scheint es ihr völlig fremd. Die Miene verändert sich nicht. Dieser Mensch steckt sich wie abwesend Bissen in den Mund, nimmt mit der Hand etwas vom Tisch, aber die Starre bleibt. Sie lässt sie zweifeln, ob sie diesen Menschen wirklich kennt, kennt als jemand, der durchaus Gefühle hat.

Später steht er auf, läuft unauffällig im Raum umher, sucht vielleicht einen Kollegen, sie sieht ihn dann nicht mehr. Sie denkt kurz, dass er auch sie gesucht haben könnte, denn sie hatten sich lose verabredet.

Als sie den Vorraum betritt, sitzt er wie wartend auf einem Sessel, studiert mit der Lupe das Programm für die nächsten Tage. Nun spricht sie ihn an. Er trägt jetzt das Gesicht, das sie kennt. Verzieht es sich? Lächelt es zur Begrüßung?

Dieser Mensch hat seine Verschlossenheit nicht immer durchgehalten, denkt sie und lächelt ein bisschen in sich hinein. Manchmal mussten Erinnerungen oder sogar Gefühle wohl einfach heraus.

Dennoch: Hätte es dieses Durchbrechen der Starrheit nicht gegeben, wüsste sie nicht, wie lebendig er in seinem Innern ist.

Am Tisch

Sie dachten alle, sie sind ein Paar. Aber das hat sie erst später erfahren.

Am Abend sitzen sie zusammen im Aufenthaltsraum. Er hat sie zum Wein eingeladen. Der Achtertisch füllt sich rasch mit weiteren Gästen, der Tag ist gelaufen, kann nun auslaufen mit Wein und Worten. Der Mann neben ihr beginnt Witze zu erzählen. Die Witze betreffen seinen Berufsstand. Sie aber liebt keine Witze. Von Jugend auf hat sie diese nicht verstanden oder nicht verstehen wollen.

Jetzt aber ist ein Thema aufgekommen, an dem sich alle festhalten. Sie kann dazu wenig beitragen, schweigt also erstmal und trinkt sinnend ihren Wein. Dabei versucht sie die Menschen am Tisch zu Paaren einander zuzuordnen und ihre Herkunftsorte zu erraten. Erst später merkt sie, dass die Anwesenden sich schon länger kennen. Auch ihren Weinspender, der zu ihrer Linken sitzt.

Und dann spricht er sie an, der Mann auf der rechten Seite von ihr. Sie weiß später nicht mehr, ob er irgendeinen gewöhnlichen Satz an den Anfang setzte, einen Allgemeinplatz, um nicht länger zu schweigen. Vielleicht hat sie ja auch eine Frage an ihn gestellt. Ob er schon oft hier war. Ob es ihm gefällt. Aber das spielt gar keine Rolle. Die anderen sind inzwischen sehr lebhaft geworden.

Der Mann neben ihr – namenlos bis zum Ende des Abends – erklärt ihr plötzlich, dass er endlich seinen eigenen Weg gefunden habe oder doch dabei sei ihn zu finden. Das klingt gewiss merkwürdig, fügt er hinzu, weil ich schließlich längst Rentner bin.

Sie ist nicht erstaunt. Es passiert ihr öfter, dass Menschen mit wichtigen Mitteilungen ihrer eigenen Person auf sie zukommen.

Es hängt mit meiner Jugend zusammen, erklärt der Mann neben ihr. Mein ganzes Leben lang hatte ich nur reagiert auf das, was mir in den Weg kam. Also: Pflichterfüllung. Alles erfüllt, alles immer geschafft, damit alles in der Familie friedlich verlief. Doch in mir blieb ein namenloser Rest. Als sei es nicht ich, der da lebt.

Sie dreht sich ein wenig zu ihm hin, ohne jedoch den Kontakt zu dem Rotweinspender auf der linken Seite aufzugeben. Das wäre äußerst unhöflich gewesen. Ihr Blick aber geht nach rechts, sie signalisiert Aufmerksamkeit. Für seine Worte.

Mein Vater starb früh, richtig habe ich ihn nie kennen gelernt. Meine Mutter heiratete bald wieder. Also kam ein Stiefvater ins Haus und neue Kinder. Ich funktionierte, wie ich sollte und konnte. Immer hoffte ich, irgendwann den Sprung zum Künstler zu finden. Nie kam es dazu. Ich sprach nicht mal darüber.

Später am Abend erst wird ihr klar, dass er der Mann der Frau ist, die am anderen Tischende sitzt und beobachtende Blicke zu ihr hinüberschickt während sie sich lebhaft in der Runde in Szene setzt.

Ja, damals erklärt diese gerade der Tischrunde, als der Krieg seinem Ende zuging …

Sie jedoch hört unbeirrt auf ihren rechten Tischnachbarn, der nur zu ihr spricht.

Er habe zu malen begonnen.

Plötzlich erhebt sich die Tischrunde, sie folgt erschrocken. Man wünscht sich einen guten Schlaf. Ihr linker Tischnachbar geleitet sie zur Treppe. Sie verabschieden sich mit schmalen Worten. Was für ein Abend!

Die letzte Verabredung

Natürlich will sie ihn wiedersehen. Eine gute Gelegenheit, er ist zur Kur in den Bergen. An einem Sonnabend will sie ihn dort besuchen, da verkehren die Züge öfters als sonntags. Sie hat den Fahrplan vor sich. Fünf Stunden Zusammensein, dann zurück, ja, sie will noch am gleichen Tag zurück, sagt sie.

Sinnend sieht sie zum Fenster. Draußen fällt Schnee. Nasse Flecken, die sofort schmelzen, wenn sie sich niederlassen. Wenn es am Abend kälter wird, könnten sie festfrieren.

Ja, ich komme auch bei Schnee, verkündet sie am Telefon. Mit Skischuhen und Kapuzenmantel, mir macht das Wetter nichts aus.

Beim nächsten Gespräch teilt er mit, dass er sie allerdings am Bahnhof nicht abholen kann. Gerade zu der Zeit hat man noch einen Gesprächskreis angesetzt, der für ihn wichtig ist.

Komme ich also mit dem Bus. Sie lässt sich nicht entmutigen.

Gut. Ich habe dich ohnehin schon zum Mittagessen mit angemeldet, und wir könnten ins Schwimmbad gehen, das im Haus ist, wenn es draußen zu kalt ist. Es wird schön sein, dich wieder zu sehen.

Das Sehen und Hören klappt zwar nicht mehr so ganz

gut. Aber es geht noch. Auch die Beine und der Rücken, alles ist bei beiden nicht wie neu. Doch sie wollen nicht klagen. Sie möchten einfach miteinander sein. Aus ihrem Leben erzählen. Aber die Freude an der Gegenwart soll das Wichtigste sein.

Wieder das Telefon. Ich war im Städtchen unten, erklärt er. Das Kurhaus liegt etwas höher am Abhang über einem engen Tal. Der Bus hat die Steigung wegen des Schnees nicht geschafft. Wir mussten einen riesigen Umweg fahren.

Ich komme mit dem Taxi, sagt sie. Das wird gehen.

Auch am Sonnabend, an dem sie fahren will, fällt der Schnee vom Himmel. Das Fenster füllt sich mit schwirrendem Weiß, als wolle es die übrige Welt zudecken und sie in ihrem Zimmer einsperren. Sorgenvoll schaut sie hinaus.

Es ist wie Zauberei. Der Schnee schafft Verwandlung. Unermüdlich fallen, nein, tanzen die Flocken. Sie hat absolut keinen Einfluss darauf. Hilflos sieht sie zu, wie sich das Weiß anhäuft, alles belagert. Schon ist der Weg hoch bedeckt, der Baum trägt helle Last, ein geparktes Auto verschwindet fast im Weiß. Nur der Zaun nimmt's als Zierde.

Urplötzlich weiß sie: Der Schnee deckt ihre Hoffnung zu.

Sie wählt noch einmal seine Nummer.

Schade, sagt sie, und fast unheimlich. Der Schnee fällt pausenlos. Ich werde nicht durchkommen. Tut mir leid.

Der Sturz

Verwandtenbesuch

Ja, und jetzt falle, rutsche, stürze ich noch einmal in die Tiefe der Zeit hinab, in meine eigene Geschichte. Ich habe nach meinem Großvater gefragt, vielleicht weil ich meiner Enkelin in Leipzig das Geschäftshaus gezeigt habe, das er aufgebaut hatte.

Ich, alt geworden, mühsam beim Gehen auf einen Stock gestützt, oft schmerzgeplagt, schreibe einem Verwandten, den ich noch nie gesehen habe, ob er etwas von meinem Großvater weiß.

Ein halbes Jahr später sitzt er bei mir am Tisch, hat seinen Vetter mitgebracht, der weiß mehr von der Familie. Allerdings nicht von meinem Großvater. Über unseren gemeinsamen Urgroßvater hat er aber gründlich nachgeforscht.

Urgroßvater – er ist ja so fern. Er ist einer, der auswanderte. In Deutschland geboren, begab er sich nach Russland. Manchmal denke ich, wir haben noch etwas von den Nomaden der ersten Zeit in unserm Blut. Menschen ziehen umher, müssen flüchten oder suchen bessere Lebensbedingungen.

Die Verwandten an meinem Tisch erzählen, zeigen Fotos. Ich kannte beide vorher nicht, aber wir sind vom gleichen Stamm. Tatkräftig war unser Urahn, gewiss einfallsreich, mutig, er muss optimistisch gewesen sein, hat gelebt, als ob sich Leben lohnt. Viele weitere Stämme gehen vom Urgroßvater aus – er zeugte zwanzig Kinder – Linien, die sich erneut verzweigen, sich räumlich trennen. Aus Russland, Afrika, Amerika können sie Zeugnis ablegen vom Leben. Ich, am Ende meines Weges, auch ich bin gewandert vom Osten nach Westen.

Ich sitze über die Ahnentafel gebeugt und ziehe Linien fort, die beendet schienen.

Manche Kinder auf unserer Ahnentafel wurden nur einige Tage alt, andere erlebten 90 Jahre. Meine Gäste lüften den Schleier von mancherlei Schicksalen, die in den Jahreszahlen verborgen liegen. Der Mensch besteht nicht nur aus Daten und Ortsnamen.

Wir wissen, dass auch unsere Vorfahren durch Enttäuschungen und Krisen gegangen sind. Doch gleichmütig sitzen wir drei am Tisch. Wir gehören verschiedenen Generationen an, aber sogar für mich ist alles schon so lange her. Die Fluchten unserer Vorfahren sind für uns kein Schmerz mehr und der Verlust eines Ehepartners, von dem wir lesen, tut uns nicht mehr weh. Obwohl doch immer einer übrig bleibt mit Herzeleid.

Während wir da sitzen, werden wir beinah selbst schon Geschichte. Doch wir müssen essen, trinken und Abschied nehmen. Der Zug meiner Gäste fährt bald. Schon zeigt der Tag wieder sein gewöhnliches Gesicht.

Der Sturz

Sie wusste längst, dass sie einmal anhalten müsste. Es konnte sich nicht einfach weiterhin Tag an Tag reihen, mit Pflichten, Gewohnheiten, Anrufen, Sonne und Regen, sie wusste, dass alles auf dieser Welt begrenzt ist. Aber sie wusste nicht, wie sie selbst die Welt anhalten könnte, sie wollte ja keinen Stillstand, keinen Absturz, keine Apokalypse.

Woanders war sie schon eingetreten. Menschen waren gestorben, Fluten hatten ganze Regionen überschwemmt, Erdbeben Länder auseinandergerissen.

Sie lief unbeschadet durch den Tag, den sie zu erfüllen

trachtete. Kontakte und Zurückgezogenheit wechselten, aber immer lief sie Ideen nach, brachte Kuchen zu gemeinsamen Festen mit oder organisierte einfach ihren Alltag.

Als es geschah, nahm sie es hin, als hätte sie es erwartet. Keine Panik. Ungläubigkeit: War es wirklich jetzt so weit? Sie fand sich auf der Straße liegend, mit einem Ruck in Sekundenschnelle hatte ihr jemand die Beine zur Seite gezogen, sie hatte keinerlei Chance gehabt, mit der Hand oder den Beinen den Sturz aufzufangen oder wenigstens zu bremsen. Auch befand sich keinerlei Gegenstand in der Nähe.

Plötzlich wurde ihr bewusst, dass hier Autos fahren konnten, eine Einbahnstraße.

Kein Mensch nah oder fern zu entdecken. Würde ein Auto rechtzeitig anhalten können? Ihr Kopf signalisierte energisch: Aufstehen! Aber jeder Versuch, sich wenigstens von der Straße wegzuschieben, ging ins Leere, das Eis unter ihr bot keinen Widerstand. Sie war hilflos. Also brauchte sie Hilfe.
Sie begann leise zu rufen. Hilfe! Hilfe! Lauter. Aber die Luft trug die Worte nicht. Keine Tür, kein Fenster des anliegenden Hauses öffnete sich. Die Straße war nur an einer Seite bebaut, nichts bewegte sich, alles blieb unverändert im nachmittäglichen Dämmerlicht. Alles stumm. Eine schweifende Stummheit. Unbewohnt. Ausgestorben. Dachte sie.

Lag da wie vom Himmel gefallen. Hilfe! Hilfe!

Plötzlich trat ein junger Mann seitlich von einem Haus auf die Straße. Hilfe! Er stutzte.

Mit großer Selbstverständlichkeit lief er auf sie zu. Er legte die Arme von hinten unter ihre Schultern und zog sie hoch, als mache er das jeden Tag. Er versuchte, sie zum Stehen zu bringen. Aber da war dieser ungeheure Schmerz und die Kraftlosigkeit. Er merkte, er müsse sie halten. Was nun.

Da öffnete sich weiter drüben eine Haustür. Ein älterer Mann trat heraus, trug einen Stuhl in der Hand, er hatte wohl alles mitbekommen.

Nun saß sie da in der Schneelandschaft. Die Männer brachten Decken herbei, berieten. Der Ältere fuhr mit seinem Auto vor, aber sie konnte ja nicht laufen. Ein Krankenwagen schien das einzig mögliche.

Riesiger Schmerz durchfuhr sie, als die Sanitäter sie auf die Trage legten. Aber das war ja alles folgerichtig, sie war aufgehalten, heute. Einen Tag vor Weihnachten, dachte sie ganz ruhig und schrie gegen den Schmerz an.

Säulen

Vor mir unter freiem Himmel erscheint eine offene Landschaft, die ist seltsam anzuschauen. Da liegen riesige Säulen, Würfel, Quader aus Stein und aus Holz. Trümmer, aber sauber geformt, mit glatten Flächen. Die stecken in weichem Boden wie Spielzeug, kreuz und quer, doch auch wie Zeichen für eine vergangene Zeit. Etwas Großartiges haftet ihnen an. Keine Klage erfüllt die Luft, doch ein Hauch von Vergänglichkeit. Ohne Wehmut.

Da erhebt sich eine Stimme, die spricht: Alles muss weg, was schon gewesen ist. Alles muss neu werden.

Ich weiß, diese Worte sind für mich bestimmt, ich muss sie mir merken. Aufschreiben, kommt mir gleich in den Sinn.

Doch es ist Nacht. Ich befinde mich nicht allein im Zimmer, will meine Zimmergenossin nicht wecken.

Also: Im Dunklen schreiben. Ein Versuch.

Ich finde Papier und Stift, einen Stift, von dem ich weiß, dass er ab und zu streikt. Aber was soll ich sonst tun. Meinem Gedächtnis traue ich nicht. Zwar kann ich absolut nicht sehen, ob und was der Stift schreibt. Ich setze vage die Linien, lege daraufhin Papier und Stift zur Seite und schlafe sofort wieder ein.

Kaum bin ich aufgewacht, nimmt der Krankenhausmorgen seinen vorgeschriebenen Verlauf. Schwestern kommen ins Zimmer, gehen wieder, der Betrieb läuft rund, könnte man sagen, wer Hilfe braucht, muss es sagen, wer allein kann, darf das auch, Betten werden gemacht, neu bezogen oder wenigstens zurecht gezupft, ein Ärzteteam erscheint. Wer war das nun heute? Immer denke ich, ja, stimmt, das ist ja jetzt dran, und irgendwann kommt auch das Frühstück.

Ein Wochenende steht bevor. Die Mitpatientin hätte gern Besuch. Sie ist Oma geworden. Der Sohn wollte doch mit dem Baby hereinschauen. Auch damit ich sehe, welch herrliches Kind da zur Welt gekommen ist, ihr Enkelkind! Obwohl es ist nicht ganz unbeschadet. Aber es lacht und ist lebhaft, Sie werden sehen, wie lieb es ist.

Erst gegen Mittag kehrt etwas Ruhe ein. Ach, denke ich, wie war das doch.

Da war doch ein Traum. Eine Besucherin, die kurz mal reinschaut, wundert sich: Du weißt ihn noch?

Nein. Er ist vergessen. Obwohl er schien mir wichtig.

Da erst fällt mir ein, dass ich in der Nacht versucht habe,

etwas aufzuschreiben. Habe ich wahrscheinlich auch nur geträumt.

In diesem Heft muss es sein. Auf irgendeiner der weißen Seiten. Hoffentlich war die Seite sonst leer, hoffentlich hat der Stift geschrieben. Unwahrscheinlich ist das eigentlich.

Doch richtig, da ist eine ganze weiße Seite und darauf halbwegs leserlich schräg übers Papier, da steht:
Riesengroßes Aufräumen auf der ganzen Erde.

Ich sitze mit dem Rücken zum Fenster am Rand meines Krankenhausbettes. Aber vorhin beim Aufrichten habe ich gesehen, dass der Himmel draußen ganz hell und geweitet ist. Jetzt kann ich mich nicht weit genug umdrehen, um zu sehen, woher das helle Morgenlicht hinter mir lockt, bin nicht beweglich genug und muss vorsichtig sein.

Wenn ich wieder liege, werde ich beobachten, wie die Sonne sich auf den Weg begibt, falsch, begeben hat sie sich längst, sie steht nicht still, nichts steht still, was existiert.

Ein Eisbeutel wird mir gereicht. Die Sonne steigt. Das wirkt, als hätte dieses Dasein Sinn. Aber die Fragen sind geblieben.

Als Nachwort

möchte ich erklären, dass mir die Widmung vorn im Buch sehr wichtig ist.

Mir ging es in dem Buch nicht darum, eigene Erlebnisse möglichst genau, vielleicht sogar dokumentarisch, festzuhalten, sondern in der Rückschau wollte ich finden, wie sich ein Leben entwickelt, was es erschwert und was es trägt.

Ich denke dabei an viele Menschen, denen ich dankbar bin. Ich erlebte große Unterstützung oder kleine Hinweise, hilfreiche Kritik und anerkennende Ermutigung in meinem Leben. Es gab manches Miteinander über längere Zeit, aber auch kurze Begegnungen, die mir kostbar waren.

Beim Schreiben entdeckte ich auch, dass die Sprache in jedem Zeitraum ihre typischen Worte prägte. Worte im Krieg unterschieden sich von denen in der Nachkriegszeit und der Neuzeit. Die Sprache zeigt, was in einem bestimmten Zeitraum wichtig wurde, verrät Ziele und Ängste einer Zeit.

Dabei wurde mir klar, dass es noch viel mehr zu erzählen gäbe. Vielleicht geht es Ihnen, als Leser, auch so. Je mehr Erinnerungen hervorgelockt werden, umso eifriger kriechen weitere Erfahrungen aus ihren Verstecken. Manchmal verändert sich sogar dabei die Sicht auf unser Gestern und Heute.

Sigrid Lichtenberger

Sigrid Lichtenberger lebt seit 1953 in Bielefeld. Geboren ist sie dreißig Jahre zuvor in Leipzig, das sie 1948 verließ. Seit den 1980er Jahren veröffentlichte sie zahlreiche Lyrik- und Prosabände. Die letzten Veröffentlichungen im Pendragon Verlag sind: „Von Nähe und Abschied" (Gedichte 2006), „Die Freiheit der Verlassenheit" (Erzählungen 2006), „Mein Ich im Gefüge der Zeit – Jung sein in den Jahren 1923 bis 1945" (Erinnerungen 2005), „Als ob sich Türen öffnen – Mein Lebensweg zwischen 1945 und 2000" (Erinnerungen 2008), „Südwärts – Ein Reisemosaik" (Prosa 2008), „Mit Gott über die Welt reden" (Gedichte 2008), „Weiter – immer noch wieder" (Gedichte und Tagebuchnotizen 2010), „An diesem Sonntagmorgen" (Erzählung 2011) sowie „Auf einer Kugel im Weltall" (Tagebuchgedichte 2012).

2009 wurde Sigrid Lichtenberger mit dem Bielefelder Kulturpreis in der Sparte Literatur ausgezeichnet.

Pendragon Verlag
gegründet 1981
www.pendragon.de

Gedruckt auf holz- und säurefreiem Naturpapier

Originalausgabe
Veröffentlicht im Pendragon Verlag
Günther Butkus, Bielefeld 2013
© Copyright by Pendragon Verlag 2013
Alle Rechte vorbehalten
Lektorat: Anja Schwarz
Umschlag und Herstellung: Uta Zeißler
Umschlagfoto: Jan Bewersdorff
Satz: Pendragon Verlag auf Macintosh
Gesetzt aus der Adobe Garamond
ISBN: 978-3-86532-361-3
Printed in Germany